KB220803

교회에서 처음 배우는
주기도문 사도신경

교회에서 처음 배우는
주기도문 사도신경

이문균 지음

주기도문으로 배우는 기도

사도신경으로 배우는 신학

사자와 어린양

2부 사도신경으로 배우는 신학

일러두기

• 본문에 인용한 성경 구절은 대한성서공회에서 펴낸 개역개정판을 따랐습니
다. 다른 번역본을 인용한 경우 따로 표기하였습니다.

머리말

　나의 신앙 여정은 주기도문과 함께 시작되었다. 어린 시절, 우리 가족은 매일 가정 예배를 드렸다. 지루했다. 그러나 조금만 참고 있으면 되었다. 함께 주기도문을 외우고 나면 예배가 끝나고, 아침밥이 기다리고 있었기 때문이다. 그 후 나의 신앙 여정은 사도신경과 함께 지속되었다. 교회에 가서 예배를 드릴 때면 항상 사도신경을 외웠다. 이렇게 주기도문과 사도신경을 외우면서 지속된 신앙생활이 지금까지 계속되고 있다.

　돌이켜 보면, 주기도문과 사도신경을 그렇게 수없이 외우면서도 그 내용을 찬찬히 되새기지는 못했던 것 같다. 주기도문과 사도신경을 줄줄 외우지만, 그 안에 담긴 의미를 생각하지 않고 암송할 때가 대부분이었다. 간혹 그 의미를 생각하면서 천천히 믿음을 고백하려 해도 다른 교인들과 보조를 맞추려면 그냥 따라서 외울 수밖에 없었다. 나와 비슷한 경험이 다들 있을 것이다.

주기도문과 사도신경이 주문을 외우듯 암송하고 끝나는 것이 되지 않으려면 어떻게 해야 할까? 주기도문과 사도신경을 찬찬히 배워야 한다. 의식적으로 그 안에 담긴 의미를 되새겨야 한다. 그리고 삶에 적용해야 한다.

이 책 제목은 《교회에서 처음 배우는 주기도문 사도신경》이다. '처음 배우는 주기도문 사도신경이라고? 그렇다면, 쉽다는 뜻인가? 아주 기초적인 내용을 다루었다는 뜻인가?' 이런 질문을 할 수 있겠다. 이에 대한 답은 그렇기도 하고 아니기도 하다.

먼저, '처음 배우는'이라는 말에는 '첫 번째 교육' 또는 '초급 과정'이라는 뜻이 담겨 있다. 고대 교회에서는 세례를 받으려는 초신자에게 사도신경과 주기도문을 가르쳤다. 아우구스티누스는 세례를 받게 될 사람들에게 이렇게 말했다고 한다.

여러분의 경건함은 다음과 같은 순서에 따라 형성될 것이니, 먼저 마땅히 믿어야 할 것이 무엇인지 배워야 하고, 그

다음에는 마땅히 구해야 할 것이 무엇인지 배워야 한다.[1]

고대 교회 교인들에게 사도신경과 주기도문은 초급 과정으로, 세례를 받기 전에 기본적으로 배워야 하는 과목이었다. 교인들은 마땅히 믿어야 할 것이 무엇인지 알기 위해 초기 형태의 사도신경을 배워야 했고, 무엇을 간구해야 하는지 알기 위해 주기도문을 배워야 했다. 요즘 한국 교회는 세례받기 전은 물론 그 후에도 이런 기초 교육을 잘 하지 않고 있다. 교회마다 주기도문과 사도신경을 함께 공부하고 대화하는 기회가 많아지면 좋겠다.

다음으로, '처음 배우는'이라는 말에는 '기초를 바로 세우는'이라는 뜻이 담겨 있다. 무엇이든 처음 배우는 것이 중요하다. 잘못 배운 것이 그대로 굳어지면 나중에 바로잡기가 매우 힘들다. 처음에 잘 배워야 반듯하게 성장한다. 이 책이 믿음의 기초를 바로 세워 가는 데 도움이 되기를 바란다.

주기도문과 사도신경은 우리 신앙과 삶에 어떤 의미가 있는가? 주기도문은 '우리의 기도가 어떤 것이 되어야 하는지'를 보여 준다. 우리의 기도가 바른 방향과 내용을 갖추려면 예수님이 친히 가르쳐 주신 주기도문을 통해서 기도를 배워야 한다. 우리의 삶이 아름다워지려면 주기도문이 지향하는 그리스도인의 삶(christian life)이 어떤 것인지 배워야 한다. 사도신경은 우리 '신앙의 핵'이 무엇인지를 가르쳐 준다. 사도신경을 배우면 하나님이 어떤 분인지 더 잘 알게 된다. 하나님의 사랑과 은혜에 놀라게 된다. '이처럼 아름다운 하나님을 우리가 믿고 있다니!' 하며 경탄하게 된다. 사도신경을 배움으로써 우리는 하나님을 믿는 우리 모두의 삶이 아름답다는 것을 깨닫게 될 것이다.

이 책을 어떻게 읽으면 좋을까? 톰 라이트라는 신학자는 주일부터 토요일까지 주기도문을 한 구절씩 '오늘의 기도'로 삼아 기도하면 좋겠다고 제안했다. 나 역시 비슷한 생각을 한다. 주일에는 "하늘에 계신 우리 아버지", 월요일에는 "아버지의 이름을 거룩하게 하시며", 이런 식으로 한 구절한 구절 음미하며 이 책의 해당 본문을 읽고 묵상하고 기도하면 우리의 기도가 더욱 깊어지게 될 것이다. 사도신경도 이런 방식으로 곱씹으며 묵상해 간다면, 내가 믿는 하나님에 대해 더욱 확신을 가질 수 있을 것이다.

이 책은 한남대학교회 교우들에게 강의했던 원고를 토대로 새롭게 다시 쓴 것이다. 책으로 펴내기 위해 원고를 매만지는 동안 이런 생각까지 하였다. '한국 교회의 회복과 성숙은 주기도문과 사도신경을 바로 배우고 적용하는 일에서 시작되어야 하지 않을까?' 이 책을 가까이 두고 반복해서 읽고 그 내용을 충실히 익혀 가기를, 교회마다 주기도문과 사도신경을 공부하는 장이 열리기를 기대한다.

주기도문과 사도신경으로 강의할 수 있도록 기회를 주신 한남대학교회 최영근 담임목사님, 그리고 부족한 강의를 경청해 주신 교우들에게 먼저 고마운 마음을 전한다. 강의 노트를 읽고 출간을 제안한 사자와어린양 이현주 대표에게도 고마움을 표한다. 각자 삶의 자리에서 그리스도인으로 살아가기 위해 애쓰는 모든 분에게 이 책이 작은 도움이라도 되기를 손 모아 기도한다.

2023년 4월

이문균

1부

—

주기도문으로
배우는 기도

주기도문

하늘에 계신 우리 아버지,

아버지의 이름을 거룩하게 하시며

아버지의 나라가 오게 하시며,

아버지의 뜻이 하늘에서와 같이 땅에서도 이루어지게 하소서.

오늘 우리에게 일용할 양식을 주시고,

우리가 우리에게 잘못한 사람을 용서하여 준 것같이

우리 죄를 용서하여 주시고,

우리를 시험에 빠지지 않게 하시고,

악에서 구하소서.

나라와 권능과 영광이 영원히 아버지의 것입니다. 아멘.

The Lord's Prayer

Our Father in heaven,

hallowed be your name.

Your kingdom come.

Your will be done on earth as it is in heaven.

Give us today our daily bread.

Forgive us our debts,

as we also have forgiven our debtors.

And lead us not into temptation,

but deliver us from the evil one.

For yours is the kingdom, and the power,

and the glory, forever. Amen.

1

—

예수님과 기도

예수님은 기도하셨다. 예수님은 이른 새벽에 기도하셨다. 그리고 공생애를 앞두고 광야에서, 십자가를 앞에 두고 밤에 동산에서 기도하셨다. 중요한 일을 앞두고 예수님은 '집중적으로' 기도하셨다. 제자들은 예수님의 기도하는 삶을 보면서 기도를 배웠다. 기도는 기도함으로 배울 수 있다. 기도하지 않고 기도를 배우는 것은 불가능하다. 그것은 마치 책으로 이론만 공부할 뿐 수술해 보지 않고 수술을 배우려는 것과 마찬가지다. 그렇다고 이론을 전혀 공부하지 않은 채 수술을 흉내 낸다고 수술할 수 있는 것도 아니다.

예수님은 기도를 가르쳐 주셨다. 어떻게 기도해야 하

는지, 무엇을 기도해야 하는지 가르치셨다. 알아들을 수 있도록 비유를 사용해 가르치셨고, 바리새인들의 기도가 어떤 점에서 잘못된 기도인지 현장에서 가르쳐 주셨다. 누가복음 11장을 보면, 예수님이 기도를 마치자 한 제자가 우리에게도 기도를 가르쳐 달라고 요청한다. 그러자 주님은 "너희는 기도할 때에 이렇게 하라" 하며 주기도문을 가르치신다. 마태복음 6장에서는 예수님이 바리새인들과 이방인의 기도 가운데 무엇이 잘못되었는지를 말씀하시면서 너희는 저렇게 기도하지 말고 이렇게 기도하라며 주기도문을 가르쳐 주신다.

저렇게 기도하지 말라

마태복음은 주기도문을 가르쳐 주신 상황을 보여 준다. 예수님은 유대인과 이방인이 기도하는 태도를 보시고 저렇게 기도하면 안 된다고 말씀하셨다.

자신을 드러내려는 기도

우리는 기도를 드림으로 하나님을 높인다. 기도하는 사람은 하나님을 주목하고 하나님의 뜻이 이루어지기를 바란다. 그런데 바리새인들은 기도하면서 하나님보다 자기가 주목받기를 원했다. 그런 기도는 하나님과의 관계를 멀어지게 할 뿐이다. 바리새인들은 다른 사람이 어떻게 평가할지에 더 관심이 있었다. 자신이 경건하다는 것을 드러내기 위해, 주목받기 위해 사람들이 보는 곳에서 기도하기를 좋아했다(마 6:5).

교회에서 대표로 기도할 때 우리는 자신도 모르게 내가 어떻게 보일지 신경을 쓴다. 반대의 경우도 있다. 회사 식당에서 밥을 먹을 때 식사 기도를 생략한다. 내가 어떻게 보일지 다른 사람을 의식하기 때문이다. 부끄럽기 때문이다. 무엇이 부끄러운가? 기도하지 않는 것 역시 나의 체면을 의식하는 태도이다. 예의 없이 큰 소리로 기도하면 안 되는 장소도 있지만 경건한 기도는 그 자체로 아름답다.

필요한 것을 얻어 내기 위한 수단으로 드리는 기도

기도는 자신이 원하는 것을 얻어 내는 수단이 아니다. 기도란 자신이 원하는 것을 일방적으로 요구하는 행위가 아니다. 당시 이방인들은 어떤 신이든지 자신이 원하는 것만 주면 된다고 생각했다. 신들에게 아첨하고 신들을 달래서 자신의 이득을 취하려고 했다. 그들은 신보다 자기가 원하는 것에 집착하였다. 그래서 예수님은 이방 사람들처럼 너의 필요에 집착하지 말라고 하셨다. 자신의 욕망을 위하여 하나님을 이용하려는 기도는 헛된 시도일 뿐이라고 하셨다. 너희는 먼저 하나님의 나라와 하나님의 뜻을 구하라고 하셨다.

삶과 동떨어진 기도

우리는 우리가 드리는 기도와 다른 모습으로 살아갈 때가 종종 있다. 예수님이 바리새인들처럼 기도하지 말라고 하신 이유는 기도와 괴리된 그들의 삶이 문제였기 때문이다. 삶과 동떨어진 기도는 중언부언하게 한다. 기도는 무조건 정성을 바치는 것이 아니다. '주기도문' 가운데서 '기도'가 빠지면 '주문'이 된다. 기도는 주문이 아니다. 주문은 삶과 관계가 없다. 주문은 그냥 외우면 된다.

주기도문에는 우리가 드려야 할 간구의 내용과 함께 주님이 지향하시는 삶의 방식이 담겨 있다. 그리스도인은 주님이 걸어가신 삶의 방식을 따라 살아가는 사람이다. 주님의 기도, 주기도문은 그리스도를 따르는 삶으로 우리를 인도한다.

주기도문과 그리스도인

만일 당신이 "그리스도인이란 어떤 사람인가?"라는 질문을 받는다면, 당신이 줄 수 있는 가장 좋은 대답은 이것입니다. "그리스도인이란 다름 아니라 주님의 기도로 기도하기를 배운 사람이다."[1]

기도하는 그리스도인

그리스도인은 주기도문으로 기도하면서 하나님을 주목하고, 하나님의 나라를 구하고, 하나님의 뜻에 따라 자신의 삶을 조율하며 사는 사람이다. 그런 사람이 되려면 어떻게 하면 좋을까?

우선, 주님처럼 기도하는 사람이 되어야 한다. 하나님께 마음의 무릎을 꿇는 사람이 되어야 한다. 예수님은 "늘 하시던 대로" 습관을 따라 기도하셨다(눅 22:39-41). 주님이 하신 것처럼 우리도 기도가 습관이 되어야 한다. 무릇 모든 중요한 일은 습관을 통해서 실행된다. 습관이 되지 않으면 실행이 매우 어렵다. 주기도문을 배워도 기도하지 않으면 아무 소용이 없다. 주님처럼 하나님의 뜻을 중심에 놓고 살아가는 사람이 되어야 한다.

기도는 우리의 소원과 욕망이 무엇인지 보여 준다. 아

우구스티누스는 말하기를, "우리는 주의 기도를 드림으로써 무엇을 위해 기도해야 하는지를 알고, 우리의 욕망을 훈련시켜 하나님의 목적과 조화를 이루도록 변화시킨다"고 했다.[2] 기도는 나의 삶과 관심을 하나님 쪽으로 전향(轉向)시키는 일이다. 주기도문은 먼저 하나님의 거룩하심을 주목하고 하나님의 뜻이 이루어지기를 구하라고 가르친다. 주기도문으로 기도하면서 우리는 하나님의 관점에서 이 세상을 보고, 하나님의 뜻을 통해 나의 삶을 돌아본다. 그리고 하나님의 뜻을 추구하며 살아간다.

기도는 세상을 바꾸기 전에 기도하는 '사람'을 바꿈으로써 하나님의 역사를 시작하는 것이다. 하나님의 이름이 높아지는 일은 기도하는 공동체와 기도하는 사람 자신에게서 먼저 일어나야 한다. 하나님의 나라가, 하나님의 뜻이, 용서하는 일이 우리에게 먼저 이루어져야 한다.

우리는 주기도문을 암송하는 것으로 그쳐서는 안 됩니다. 그 기도를 통해 참된 기도가 어떤 것인지 배워야 합니다. 우리가 드리는 모든 기도가 주께서 가르치신 기도와 맥을 같이해야 합니다. 그래야만 우리가 예수님을 닮아갈 수 있고, 하나님의 성품에 참여할 수 있고, 참된 인간이 될 수 있습니다.[3]

그리스도인에게 주기도문은 무엇인가?

(1) 주기도문은 기도 생활의 기초요, 길잡이요, 영원한 틀이다. 달라스 윌라드는 주기도문을 이렇게 설명한다.

> 그것은[주기도문은] **기도 생활의 기초다.** 그것은 기도 생활의 입문이자 지속적 기반이다. 그것은 모든 **기도의 영원한 틀이다.** 그 안에 머무를 때에만 그 밖으로 넘어갈 수 있다. 그것은 위대한 기도의 교향악단에 없어서는 안 될 **베이스** 다. 그것은 세상을 끊임없이 하나님의 눈으로 볼 수 있는 **강력한 렌즈다.**[4]

또한 중세 신학자 토마스 아퀴나스는 주기도문을 우리 기도의 "길잡이"라고 하면서 이렇게 말했다.

> 주기도문으로 기도하는 사람은 마땅히 바라야 할 것을 구할 뿐만 아니라 바라야 할 순서대로 구한다. 이렇게 주기도문은 간구의 준칙일 뿐만 아니라 우리가 어떤 취지로 간구해야 하는지를 안내해 주는 길잡이기도 하다.[5]

그렇다. 주기도문은 우리의 기도 생활 전체를 이끄는 안내자다. 주기도문은 우리가 드리는 기도의 모델(model prayer)이다. 그러므로 우리가 드리는 모든 기도는 주님께서 가르쳐 주신 주님의 기도와 맥을 같이해야 한다. 주기도문으로 기도하기를 배운 사람은 기도할 때마다 자기의 기도가 주님이 가르쳐 주신 기도의 지침을 잘 따르고 있는지 살펴보고 바로잡는다.

(2) 주기도문은 우리 삶을 하나님께로 전향시키고, 주의 뜻을 따라 살게 한다. 기도는 예수 그리스도 안에서 우리에게 그토록 자비롭게 다가오신 하나님을 향해 매일 우리 삶을 전향시키는 일이다. 신앙생활을 잘하려면 성경을 읽고 묵상하며 기도를 드리면서 수시로 하나님의 뜻에 나의 삶을 비춰 보아야 한다. 하나님의 뜻을 기준으로 삼아 나의 목표를 바로잡고 흐트러진 삶을 다시 조정해야 한다. 주기도문은 우리의 기도와 삶이 그렇게 되도록 우리를 인도한다.

교부 그레고리우스는 말하기를, 주님의 기도는 "하나님께 몸 바친 삶으로의 안내"이며 이런 삶이 우리를 참된 사람이 되게 한다고 했다.[6] 또한 역사신학자 후스토 곤잘레스는 초기 교회에서 주기도문이 어떻게 사용되었는지 살핀 다음, 주기도문은 단순히 되풀이해서 암송해야 할 기도문 그 이상의 의미가 있다고 했다.

주기도문은 그리스도인의 삶을 요약해 보여 주는 역할을 했고, 한 사람의 모든 행동뿐만 아니라 하나님께 구한 모든 것을 판단하는 기준 역할을 했다.[7]

(3) 주기도문은 복음 전체를 요약하고 있다. 교부 테르툴리아누스는 주기도문에 대해 이렇게 말했다.

[주기도문은] 주님이 하신 거의 모든 강설, 주님이 주신 훈계의 거의 모든 기록을 포괄한다. 그래서 사실 이 기도문은 복음 전체의 축도(縮圖)라고 할 수 있다.[8]

주님의 기도는 복음 전체의 요약이다. 우리는 예수님이 가르쳐 주신 주기도문을 따라 기도함으로써 예수님께 더 가까이 나아간다. 그분의 복음에, 그분의 인격에, 아버지를 향한 그분의 사랑에, 아버지와 그분의 사귐에 참여하게 된다.

기도의 효력?

C. S. 루이스는 대퇴골이 암에 잠식되어 다른 뼈에도 전이된 한 여인을 병상에서 돌보고 있었다. 의사들은 몇 달 못 산다고 했고 간호사들은 몇 주밖에 못 산다고 했다. (때로는 간호사가 그런 것은 더 잘 알기도 한다.) 그런데 어떤 분의 안수기도를 받고 일 년이 지난 후 그 여인은 혼자서 오르막 숲길을 걸을 수 있게 되었다. 마지막 엑스레이를 찍은 사람이 말했다. "이 뼈들은 바위처럼 단단합니다. 기적이군요." 이 경우에도 기도와 병 회복의 인과 관계는 명확하지 않다. 아무리 기도해도 병이 낫지 않는 경우가 많기 때문이다. 물론 신약성경에는 우리 기도를 하나님이 들어주겠다는 구절이 자

주 눈에 띈다. 그러나 믿음이 좋은 사람의 기도를 안 들어주시는 사례도 많다. 심지어 예수님이 겟세마네 동산에서 드린 기도도 이루어지지 않았다.

그러면 기도의 효능에 대해서 우리는 어떻게 생각해야 할까? 기도는 인격적인 관계에서 이루어지는 것이고, 기도는 요청임을 알아야 한다. 요청의 핵심은 물리적 법칙처럼 자동적으로 일어나는 것이 아니다. 우리는 하나님께 기도로 요청하지만 사람에게도 요청을 한다. 봉급을 인상해 달라고 요청하고, 사랑하는 사람에게 결혼해 달라고 요청한다. 요청을 받은 사장이 봉급을 인상해 주었지만, 그것이 요청 때문인지 요청이 없었어도 다른 회사로 떠나는 것을 막기 위해서 원래 인상해 주려고 했던 것인지 알 수 없다. 여인에게 결혼을 요청하지 않았더라도 그 여인은 청혼을 수락할 뜻을 이미 갖고 있었을지 모른다. 반대로 아무리 요청해도 거절당할 수 있다.

그런 점에서 '기도의 효력'이라는 표현은 적절하지 않다. 기도는 마법이 아니다. 기도는 자동으로 작동하는 전자기기가 아니다. 기도에서 무엇을 달라고 구하는 청원 기도는 전체 기도의 작은 부분일 뿐이다. 죄의 고백과 참회로 기도의 문지방을 넘고 흠모로 기도의 성소에 들어간다면, 하나님의 임재를 느끼고 그분과 깊은 교제에 들어가게 된다.

우리는 기도함으로 하나님과 더 친밀한 관계를 맺는다. 하나님을 더 잘 알게 된다. 하나님과 기도로 더 깊은 관계를 맺고 하나님을 더 잘 알게 됨으로써 우리 자신이 변화된다. 기도함으로 우리는 더 성숙한 그리스도인으로 살아가게 된다.[9]

오리게네스의 기도에 대한 가르침

"우리가 구하려는 것이 무엇인지 하나님께서 아신다면 왜 번거롭게 기도해야 하는가?"

오리게네스는 이런 질문에 대하여 이렇게 말했다. "하나님께서는 우리가 말하고 행하려는 것이 무엇인지 당연히 아시지만, 우리가 그리하기로 결심한 것들을 통해 당신의 목적을 이루시기로 작정하셨습니다. 그래서 하나님께서는 어떤 일을 일으키거나 치유와 화해를 이루거나 세상을 좀 더 나은 곳으로 바꾸려고 하실 경우, 여러분의 기도가 그 일을 일으키는 일련의 원인에 포함되도록 선택하십니다. 그러니 여러분은 최선을 다해 기도해야 합니다. 여러분과 여러분의 기도는 하나님께서 큰 목적을 두고 이루어 가시는 일의 한 부분이 되는 까닭입니다."[10]

2

—

하늘에 계신 우리 아버지

그리스도인은 하나님을 경외하고, 하나님께 영광을 돌리고, 하나님을 영원토록 즐거워하는 사람이다. 주님은 주기도문을 통해서 하나님을 경외하는 것이 우리 삶에서 가장 우선되어야 함을 가르치셨다. 기도하는 사람은 이것저것을 구하기 전에 먼저 하나님 경외를 배워야 한다. 기도하는 사람은 하나님이 우리와 특별한 관계 가운데 계심을 인식하면서 하나님께 나아간다. 그리고 또 하나, 기도하는 사람은 하나님이 우리를 얼마나 사랑하시는지 알아야 한다. 기도하는 사람은 하나님의 사랑을 신뢰하면서 하나님께 나아간다. 그래서 우리는 이렇게 입을 뗀다. "하늘에 계신 우리 아버지!"

우리 아버지[11]

대사제 알렉산더 슈메만은 "우리 아버지"라는 표현에 대해 이렇게 말한다.

[우리 아버지라는 호칭은] 애원인 동시에 확신입니다. 기도를 가르쳐 달라고 요청하는 이들에게 그리스도는 먼저 이 호칭을 제안하십니다. 우리가 거룩한 창조주를 아버지로 여기며 '아버지'라고 부를 수 있다는 사실은 그리스도께서 우리에게 남겨 주신 너무도 소중한 선물이며 모든 위로, 기쁨, 영감의 원천입니다.[12]

(1) 우리가 하나님을 아버지로 부를 수 있는 것은 오직 '하나님의 은혜'다. 기도는 하나님이 우리를 자녀로 받아 주셨다는 사실에 근거한다. 우리가 하나님께 다가가기 전에 하나님이 먼저 우리에게 다가오셔서 우리의 하나님이 되기로 작정하셨고, 우리를 하나님의 자녀로 삼으셨다. 하나님을 우리 아버지라고 부를 수 있는 특권은 우리가 무슨 일을 했기 때문이 아니라 하나님이 예수 그리스도 안에서 우리를 그분의 자녀로 삼으셨기 때문이다. "그를 맞아들인 사람들, 곧 그 이름을 믿는 사람들에게는, 하나님의 자녀가 되는

특권을 주셨다"(요 1:12, 새번역).

예수님은 자기 아버지이신 하나님이 우리에게도 아버지가 되심을 알려 주시고, 우리가 하나님을 아버지로 섬길 수 있는 길을 가르치셨다. 그래서 우리는 하나님을 아빠, 아버지라고 부르며 기도할 수 있게 되었다. 그렇기에 알렉산더 슈메만이 말했듯이 '우리 아버지'란 호칭은 "기도를 시작하는 말일 뿐 아니라 기도가 놓인 바탕 그 자체다."

(2) '우리'라는 말은 신앙의 공동체적 성격을 일깨운다. 우리 말에서는 '우리'라는 표현이 '나의'라는 말 대신 사용되는 경우가 많다. '우리 집', '우리 아버지', 심지어 '우리 아내'라는 표현을 쓰기도 한다. 그래서 '우리'라는 말에 담겨 있는 의미를 놓치기 쉽다. 주기도문에서 '우리'를 '나'라는 말로 바꾸면 어떻게 될까? '나의 아버지', '나에게 일용할 양식을', '나를 시험에 빠지지 않게 하시고'…. 이렇게 기도한다면 기독교의 구원은 상당히 다른 의미가 되어 버릴 것이다.

기독교는 본질적으로 공동체적이다. 우리는 다른 사람과 더불어 하나님을 섬기도록 부름받았다. 우리는 다른 그리스도인과의 사귐(우정) 덕분에 교회에 있게 되었다. 우리는 갖가지 문제를 지닌 사람들, 도움이 필요한 사람들의 사정을 가지고 하나님께 나아가 '우리' 아버지께 기도한다. 하나님 아버지 앞에서 우리는 서로 사랑해야 하는 형제자매다. '우리 아버지'라고 부르며 기도한다는 의미를 아우구스티누스는 다음과 같이 요약했다.

우리는 모두 함께 말한다. "우리 아버지"라고. 이 얼마나 고귀한 일인가! 황제도 "우리 아버지"라고 말하고, 거지도 그렇게 말한다. 노예도 "우리 아버지"라고 말하고 그의 주인도 그렇게 말한다. 그들은 모두 함께 말한다. "하늘에 계신 우리 아버지"라고. 요컨대 그들은 아버지가 같기에 서로가 형제임을 알고 있다. 따라서 주인은 자신의 노예가 자신의 형제임을 언짢아하면 안 되는데, 주 예수 그리스도께서 그 노예를 형제로 삼으려 하신 까닭이다.[13]

(3) '우리 아버지'라고 부를 때, 하나님을 생물학적인 아버지에 빗대어 말하는 것이 아님을 알아야 한다. 우리는 각자가 경험한 아버지에 빗대어 하나님을 아버지라고 부르면 안 된다. 하나님을 아버지라고 부르는 것은 하나님이 어머니보다 아버지와 비슷하기 때문이 아니다. 하나님이 여성성보다 남성성에 가깝기 때문이 아니다. 예수님은 누가복음 15장에서 '탕자를 맞이하는 아버지' 비유를 예로 들어하나님이 어떤 분인지 가르쳐 주셨다. 성경에서 자신을 계

시하신 하나님은 절대주권을 가지신 아버지이면서 자식을 불쌍히 여기고 품에 안으시는 어머니 같은 아버지이시다. "예수 그리스도의 아버지는 전적으로 비가부장적인 아버지이시다."[14] 그런 점에서 모든 인간 아버지들은 예수님이 계시하신 하나님 아버지에 자신을 비추어 보아야 한다. 하나님만이 진정한 아버지이시고, 인간 아버지들은 이런저런 결함을 가진 존재다. 모든 아버지와 어머니는 하늘에 계신 '우리 아버지'를 닮아야 한다.

　(4) 하나님을 '우리 아버지'라고 부르는 것이 왜 중요할까? 아버지라는 말에는 우리를 향한 하나님의 마음이 담겨 있기 때문이다. 형은 동생이 더 훌륭하다는 말을 들으면 기분이 나쁘다. 그러나 아버지는 아들이 아버지보다 훌륭하다고 하면 좋아한다. 마르틴 루터는 이렇게 말했다. "하나님을 아버지라고 부르며 기도하라. 그러면 그 순간부터 하나님이 근심하시게 될 것이다." 우리가 하나님을 아버지라고 부르며 기도하면 그때부터 우리의 문제는 하나님의 문제가 된다. 하나님 아버지는 내 문제를 그분의 문제로, 나의 아픔을 그분의 아픔으로 여기신다.

　(5) 하나님을 '우리 아버지'라고 부를 때 그 말이 빈말

이 되지 않으려면, 하나님의 주권을 인정하고 하나님의 가르침과 명령에 순종하려는 마음을 품고 살아야 한다. 하나님의 자녀답게 정결한 삶을 살아야 한다. 니사의 그레고리우스는 "참으로 하나님의 자녀가 되어 더욱 정결한 삶을 살지 않으면서 하나님을 '아버지'라고 부르는 것은 주제넘을 뿐 아니라 신성모독 행위다"라고 말했다.[15]

'하늘에 계신' 우리 아버지

주님께서는 하나님 아버지를 '하늘에 계신' 우리 아버지라고 가르치셨다. 우리는 하나님이 어디에나 계신다는 것, 우리를 두루 감싸시고, 우리 안에 계신다는 것을 안다. 그러면 하나님이 하늘에 계신다는 것은 무슨 뜻인가? 교부 오리게네스는 '하늘에 계신'이란 표현이 오해될 수 있음을 알고 다음과 같이 말했다.

아버지가 하늘에 계신다는 말을 들을 때 우리는 그분이 어떤 물질적 존재 형태에 제한된다고 생각해서는 안 되며, 하늘에 거하신다는 식으로 생각해서도 안 된다. 그렇게 생각하면 하나님이 하늘보다 작은 분이 되어 버린다.

하늘이 하나님을 품은 형국이기 때문이다. 품은 것은 품 긴 것보다 늘 크기 마련이다. 하나님의 신성은 말로 표현 할 수 없을 만큼 광대하기에 우리는 만물이 하나님 안에 있다고, 하나님이 그 모든 것을 품으신다고 단언할 수밖 에 없다.[16]

또한 칼뱅은 "하늘에 계신 우리 아버지"라는 구절을 이 렇게 해석하였다. 첫째, 주님은 우리의 정신이 아둔하여 하 나님의 영광을 표현할 단어가 없기 때문에 '하늘'이라는 말 로 그 영광을 표현하였다. 둘째, 하늘이라는 표현은 하나님 은 온갖 부패와 변화의 가능성을 초월하여 계신다는 뜻이 다. 셋째, 이 표현은 하나님이 온 우주를 친히 포용하고 계 시며 그의 권능으로 다스리신다는 것을 의미한다.[17]

신학자 칼 바르트 역시 같은 생각을 했다. 땅이 우리가 경험하고 탐구할 수 있는 모든 것의 총합이라면, 하늘은 우 리의 이해 역량을 넘어서며 우리의 언어로 표현할 수도 없 고 상상의 영역을 초월하는 신비다. 그러니까 주님은 우리 가 땅의 척도로 하나님을 제한하고 하나님의 뜻을 우리 감 정에 끼워 맞추려는 잘못을 범하지 않기를 원하셨다는 것 이다.

지금까지 "하늘에 계신 우리 아버지"라고 부를 때 그

의미가 무엇인지에 대해 여러 믿음의 선배들이 제시한 해석을 들여다보았다. 위 내용을 토대로 "하늘에 계신 우리 아버지"에 담긴 뜻을 다음 몇 가지로 정리할 수 있다.

(1) "하늘에 계신 우리 아버지"라고 부름으로써 하나님이 영광과 위엄 가운데 계시며 우주를 다스리시는 살아 계신 분임을 고백한다. 그래서 그분 앞에서 작아지고 겸손해져 경외심을 느낀다. 동시에 영광 가운데 계신 하나님을 아버지라고 부르며 기도할 수 있게 되었다는 것에 마음 깊이 영예와 감사를 느낀다.

땅에 사는 우리가 어떻게 '하늘에 계신' 하나님께 나아갈 수 있을까? 우리는 감히 영광과 위엄 가운데 계신 존귀하신 하나님께 나아갈 수 없지만 예수 그리스도 때문에 나아갈 수 있게 되었다. 하나님이 예수 그리스도 안에서 우리를 찾아오시고, 우리 죄를 용서하시고, 우리 손을 잡아 주시고, 우리에게 사랑을 기울여 주셨기 때문에 우리는 하늘에 계신 하나님 아버지께 나아가 기도할 수 있게 되었다.

(2) "하늘에 계신 우리 아버지"라고 부름으로써 우리는 하나님의 주권과 초월성, 장엄한 본성을 받들어야 함을 의식한다. 하나님께서 '하늘'에 계시다는 것을 떠올릴 때 우리

는 하나님을 우리 마음에 맞게 길들이고, 하나님을 인간의 이미지로 왜곡하고, 그분의 주된 활동을 인간의 삶에 도움을 주는 것으로 축소하지 못하게 한다.[18] 사람들은 자기의 취향과 생각대로 하나님을 순화하기를 원한다. 구매하기 편리한 슈퍼마켓을 찾듯이 나를 편하게 해주는 교회를 찾고, 나 중심의 신앙을 추구한다. 하지만 우리가 진실된 마음으로 하나님을 "하늘에 계신 우리 아버지"라고 부를 때 하나님을 자기 취향에 맞게 길들이려는 우리의 잘못된 태도를 바로잡게 된다.

(3) "하늘에 계신 우리 아버지"라고 부름으로써 우리는 우리를 사랑하시고 역사를 운영하시는 하나님의 섭리 아래 살아가고 있음을 고백한다. 삶은 우연한 사건이나 의미 없는 일들의 연속이 아니다. "하늘에 계신 우리 아버지"를 부름으로써 우리는 전능하신 하나님이 우리를 지켜보고 계심을 고백한다. 우리는 근시안적인 시야, 좁은 시야를 갖고 살아간다. 그러나 하나님은 우리보다 넓은 시야를 갖고 우리를 살피신다. 주기도문으로 기도한다는 것은 삶의 모든 상황 속에서 하나님의 눈길, 손길, 은혜를 인식하며 산다는 것이다.

하늘이란 하나님이 다스리시는 통치 영역의 무한함을

가리키는 말이다. 지구 위에 사는 우리는 태양이 떠 있는 낮 뿐만 아니라 태양이 보이지 않는 밤에도 태양의 영향을 받 으며 살아간다. 마찬가지로 하늘에 계신 우리 아버지는 언 제 어디서나 우리를 보시고 돌보신다. 그래서 우리는 "하늘 에 계신 우리 아버지"를 부르며 기도한다. 하나님 아버지께 국가 간의 깨어진 평화를 회복시켜 달라고 기도할 뿐 아니 라, 내가 겪고 있는 결혼 생활의 어려움을 해결해 달라고 기 도한다. 우리가 믿는 하늘에 계신 아버지는 온 세상을 다스 리시는 분인 동시에 우리 삶의 구석구석을 살피시는 분이 기 때문이다.

(4) "하늘에 계신 우리 아버지"라고 기도하는 우리는 자존감을 갖고 살아갈 수 있다. 우리는 하늘에 계신 하나님, 영광 중에 계신 하나님을 아버지라고 부르는 사람들이다. 우리는 하나님이 소중히 여기는 하나님의 자녀다. 이것은 복음이 제공하는 최고의 특권이다. 제임스 패커는 "의로운 하나님과 함께 올바르게 사는 것은 위대한 일이지만, 아버 지이신 하나님께 사랑받고 보살핌을 받는 것은 더욱더 위 대한 일"이라고 했다. 안셀름 그륀은 하나님을 '우리 아버 지'라고 부르는 것이 우리에게 어떤 의미가 있는지 심리학 적 해석을 제시한다.

우리는 하나님의 아들딸인 까닭에, 또 하나님에게 조건 없이 받아들여진 까닭에 자신을 변호하거나 타인의 인정을 받을 필요가 없다. 또한 명예를 얻으려고 싸울 필요도 없다. 하나님의 아들딸로서 누구도 침해할 수 없는 영예를 가졌기 때문이다.

하나님의 아들딸임을 체험하면 우리는 자유로워져서 새로운 태도와 행동을 취하게 된다. 불안이 아닌 신뢰와 자유로 말미암은 행동을 하게 된다. 분명 주님의 기도는 이같은 새로운 행동으로 이어져야 한다. 그렇지 않으면 참된 기도가 아니다. 기도가 참된지 아닌지는 우리의 행동을 보면 알 수 있다.[19]

3

—

아버지의 이름을
거룩하게 하시며

.

기도는 하나님의 거룩하심과 영광을 드러내기를 기원하며, 하나님이 내 삶에 개입해 내 삶이 변화되기를 요청하는 것이다. 하나님은 모세에게 "나는 곧 나다"(출 3:14, 새번역)라고 자신의 이름을 알려 주셨다. 하나님은 자신을 스스로 있는 존재, 절대적인 존재, 거룩하신 분, 인간에 의해서 좌지우지될 수 없는 분, 범접할 수 없는 거룩한 분으로 알리셨다. 하나님은 주권자이시며, 자유로우신 분, 인간이 함부로 할 수 없는 거룩하신 분이다.

　유대인은 하나님의 이름에 대해 경외심이 대단했다. 그들은 감히 거룩하신 하나님의 이름 '야웨'를 함부로 부를 수 없다고 생각했다. 그래서 야웨라는 이름을 오랫동안 '주' (아도나이)라는 단어로 바꾸어 불렀다. 유대인들은 하나님을 감히 다가갈 수 없는 분, 거룩하신 분으로 인식했기 때문이다.

'하나님은 거룩하시다'고 할 때, '거룩하다'는 두 가지 면으로 해석할 수 있다. 첫째, 그것은 하나님이 우리 인간을 포함하여 모든 피조물과 전적으로 다른 특별한 존재임을 가리키며, 하나님이 궁극적인 존재, 절대적인 존재임을 강조한다. 원래 '거룩하다'라는 단어는 다른 것들과 '구별된다'는 뜻을 함축하고 있다. 하나님은 모든 피조물과 '전적으로 다르기 때문에' 거룩하시다. 그러니까 '거룩하신 하나님'이란 우리가 감히 다가갈 수 없는 절대적인 경지에 계신 하나님을 일컫는다.

둘째, '거룩하다'라는 말이 윤리적 의미로 쓰일 경우, 그 말은 하나님의 정의로우심과 선하심을 가리킨다. 그러므로 "아버지의 이름을 거룩하게 하시며"라는 기도를 드릴 때 우리는 거룩하고 의로우신 하나님 앞에서 정의롭고 선하게 살 것을 다짐하게 된다. 그러면 이 두 가지 의미를 전제로 "아버지의 이름을 거룩하게 하시며"라는 기도가 우리에게 어떤 의미가 있는지 살펴보자.

(1) "아버지의 이름을 거룩하게 하시며"라는 간구는 하나님의 거룩하심을 인정하는 것이 복된 삶의 시작임을 전제한다. 아브라함은 하나님으로부터 "너는 복의 근원이 될 것"(창 12:2, 새번역)이라는 약속을 받았다. 아브라함은 바벨탑을 쌓은 사람들과 달리 하나님의 부름을 받아 하나님의 곡조에 따라 삶을 영위하였다. 그리스도인은 아브라함처럼 하나님을 경외하고 하나님의 곡조에 반응하는 사람이 되어야 한다. 우리 영혼이 하나님의 곡조에 반응하려면 하나님의 빛에 많이 노출되어야 한다. 그럴 때 우리 삶이 빛나고 생기를 얻는다. 루터는 "그리스도인은 어두운 집에서 태양 있는 곳으로 뛰어나온 사람"이라고 했다. 우리 삶의 문제에 대한 해답은 우리 안에 있지 않고, 우리가 하나님과 소통하는 데 있다. 하나님의 말씀에 순종하는 데 있다.

그러므로 우리는 하나님을 경외하며, 하나님이 우리를 위해 하시는 일들을 찬양하고 감사하며 살아간다. 그렇게 살아갈 때 우리는 하나님의 이름을 거룩하게 하는 사람이 된다.

(2) "아버지의 이름을 거룩하게 하시며"라는 간구를 함으로써 우리는 하나님을 온전한 마음으로 섬기지 않고 있음을 고백한다. 우리는 이 기도를 드리면서 하나님을 하나

님으로 받들지 않은 우리의 죄를 회개한다. 우리는 하나님의 이름과 영광을 끊임없이 모독하며, 하나님이 아니라 나 자신이 삶의 주인이 되려고 한다. 루터는 주기도문의 첫 번째 간구의 그 밑바닥에 **은밀한 속죄의 기도**가 자리 잡고 있다고 하였다. 헬무트 틸리케는 그 점을 상기시킨 다음 이렇게 선포하였다.

> 우리는 모두 하나님의 이름과 영광을 끊임없이 모독하는 삶을 살고 있습니다. 우리는 다른 신들을 섬기며 나 자신을 삶의 주인으로 삼으려고 합니다.[20]

> 하나님 아버지, 당신의 이름은 제 삶에서 무서울 정도로 미미한 역할만을 하고 있습니다.[21]

(3) "아버지의 이름을 거룩하게 하시며"라는 기도를 드림으로써 우리는 하나님의 거룩하심을 따라 나의 삶도 거룩하게 되어야 함을 고백한다. 이 기도는 하나님의 거룩한 이름이 더 거룩해지기를 간구하는 것이 아니라, 하나님의 거룩함이 우리 삶을 통해서 나타나기를 구하는 것이다. 하나님을 믿는 우리는 빛의 자녀답게 선하고 의롭고 진실하게 살기를 기도해야 한다. 우리를 통해 모든 사람이 하나님

을 영화롭게 할 수 있게 해달라고 기도해야 한다. 우리는 하나님의 이름에 무언가 거룩함을 더할 수 없다. 교부 키프리아누스는 이렇게 말했다.

> 우리는 하나님 아버지의 "이름이 거룩히 여김을 받으시오며"라고 말한다. 이는 하나님이 우리의 기도로써 거룩하게 되기를 하나님께 바라는 것이 아니라, 하나님의 이름이 우리 안에서 거룩하게 되기를 하나님께 탄원하는 것이다. 하나님은 스스로 거룩하신 분인데 그분이 누구에 의해 거룩해진다는 말인가?[22]

그러므로 거룩하신 하나님에 대한 적합한 응답은 우리의 모든 말과 행동이 진실하고 의로우며, 우리의 삶이 거룩한 삶이 되는 것이다. 일찍이 예루살렘의 키릴루스는 "하나님의 이름은 우리가 입 밖에 내든 안 내든, 본질적으로 거룩하다. … 우리 자신이 거룩해지고, 또 우리가 거룩하게 삶으로써 그분의 이름이 우리 안에서 거룩하게 되는 것이 곧 우리가 청하고 있는 바다"라고 고백했다.[23]

(4) "아버지의 이름을 거룩하게 하시며"라는 기도는 하나님의 이름을 오용하지 않겠다는 서약이다. 이것은 신성

모독의 죄를 범하지 않겠다는 기도다. 우리 때문에 하나님의 거룩하심이 훼손되지 않기를 기도하는 것이다. 신성모독, 하나님의 거룩하심이 무시되는 것은 불신자가 아니라 하나님을 믿는 신자들 때문이다. 신성모독은 신앙공동체 안에서, 신자들을 통해서 일어날 수 있는 악이기에 더욱 저주받을 악이 된다.

이 기도를 드리는 우리는 하나님의 이름을 오용하지 않는 삶을 살아야 한다. 현대판 우상이 가득한 세상에서, 하나님이 아닌 것은 하나님이 아니라고 말하고 참 하나님만을 하나님이라고 인정하고 선포하는 사람이 되어야 한다.

하나님의 거룩하심을 잊으면 하나님을 나의 필요를 채워 주는 수단으로 가볍게 여기게 된다. 기독교인들의 그런 신앙 행태를 걱정한 도널드 맥컬로우 박사는《하찮아진 하나님?》이라는 책을 썼다. 그는 그리스도인들이 하나님을 경외하지 않고 이용하게 되는 것을 경계하였다. 하나님을 우리 자신만을 위한 존재, 우리의 이익에 봉사하는 존재로 취급한다는 것이다. 이러면 하나님의 거룩하심은 우리 때문에 훼손되고 모독을 받게 된다.

3계명, "너희는 주 너희 하나님의 이름을 함부로 부르지 못한다"(출 20:7, 새번역)라는 계명에 담긴 뜻이 어떻게 오용되는가? "하나님의 저주를 받아라"(God damn)라는 말이 신성모독적이기는 하지만, 나치 독일 군인의 '전투모'에 달린 "하나님이 우리와 함께 계신다"(Gott mit Uns)라는 말이 하나님의 이름을 더 모독한다. 거룩하시고 전능하신 하나님을 자신의 욕망을 담아 포장하여 자신의 악한 주장을 지지하는 분으로 만드는 것이야말로 하나님의 거룩하심을 모독하는 것이다.[24] 하나님을 모르는 사람들이 교회를 비난하고 하나님을 모독하는 것을 보고 우리는 하나님의 이름이 모독을 당한다고 분개한다. 그러나 사실 하나님의 이름을 모욕하는 사람은 하나님의 백성인 우리다. 우리가 세상에서 하나님의 백성답게 살지 못할 때 하나님의 이름이 모독을 당한다. 우리 때문에 하나님의 이름이 더럽혀진다.

(5) "아버지의 이름을 거룩하게 하시며"라고 기도함으로써 우리는 세상 한가운데서 하나님의 거룩하심을 찬양하고 그분의 거룩한 백성으로 살아가야 할 운명임을 자각한다. 아우구스티누스는 "우리는 우리가 찬미하는 대상을 닮아 간다"라고 했다. 우리가 예배를 드리면서 하나님을 영화롭게 할 때 우리는 그만큼 성화되며, 일상생활 가운데서 하나님의 백성다운 모습으로 살게 된다. 하나님의 백성인 우리 그리스도인은 이 세상 문화에 만연한 쾌락주의, 우상숭배에 가까운 국가숭배, 탐욕적인 삶에 맞서 우리의 삶을 거

룩하신 하나님께 드려야 한다. 그리스도인인 우리가 하는 모든 일을 통해 하나님의 이름이 거룩하게 빛나야 한다.

그러면 우리가 어떤 마음으로 살 때 거룩하신 하나님께 적합한 응답을 하는 것일까? 《주여, 기도를 가르쳐 주소서》에 나오는 이야기 한 토막이 답을 대신해 준다.

어느 대학생이 자기 가족 중에 최초로 대학에 들어갔다. 그 학생에게 최근 이런 일이 있었다.

어떤 사람이 와서 그에게 마약을 권하며 말했다. "한번 해 봐. 기분이 좋아질 거야." 그 학생이 대답했다. "아니, 하지 않겠어."

마약 딜러가 말했다. "불안해할 거 없어." "조금 맛보고 기분을 업시켜 본다고 해도, 아무도 모를 거야."

그 학생이 말했다. "그래서 그런 게 아니야. 중요한 건 나를 이 대학에 보내기 위해 우리 어머니가 청소부로, 파출부로 일하셨다는 사실이야. 내가 여기 있는 건 어머니 덕분이지. 나도 어머니를 위해 여기 있는 거고. 그래서 난 나를 위해 희생하신 어머니의 희생을 욕보이는 짓은 무엇이든 하지 않을 거야."[25]

이 이야기는 거룩하신 하나님을 향하여 우리가 보여야

할 마땅한 반응과 매우 흡사하다. 우리가 도둑질하지 않고, 배우자에게 충실한 것은 벌을 면하거나 하나님께 잘 보이기 위해서가 아니다. 우리가 신실하게 사는 것은 하나님의 은혜를 알기 때문이다. 그리스도 안에서 이미 하나님과 바른 관계에 있기 때문이다. 우리는 하나님의 이름, 하나님의 거룩하심을 아는 지식의 빛 아래에서 살아야 한다. 우리는 하나님의 은혜에 감사하는 마음으로 살아야 한다.

(6) "아버지의 이름을 거룩하게 하시며"라는 기도는 개인적 측면만이 아니라 사회적 측면에서도 드러나야 한다. 거룩함에 대한 예수님의 이해와 바리새인의 태도를 비교해 보면, 예수님은 바리새인과 달리 '분리'가 아니라 '참여와 치유와 회복'을 통해 거룩하심을 드러내었다. 거룩함은 자기를 내어 주시는 예수님의 사랑에서 그 절정의 모습이 계시되었다. 그리스도인의 거룩함은 거룩한 언어와 옷차림, 특별한 장소에서 이루어지는 것이 아니다. 우리는 가정이나 회사에서, 인종 간의 관계에서, 가난한 이웃과의 관계에서, 사회적 관계에서 사랑과 용서와 화해를 통해 거룩함을 실천해야 한다.

거룩하신 하나님에 대한 응답은 사회적 관계에서 하나님을 따라 약자를 위해 투쟁하고, 불의에 저항하고, 정의를 위해 일하는 모습에서 드러난다. 악행을 저지르는 권력에 대항하는 예언자들의 모습에서 하나님의 거룩하심을 위해 일하는 것이 무엇인지 발견할 수 있다. 해방신학자 레오나르도 보프는 이렇게 도전한다.

우리는 우리의 삶과 연대적 행동을 통해 인도적 관계를 이루는 데 힘써야 한다. 더 의롭고 더 거룩한 관계, 인간에 의한 인간 착취와 폭력을 끝내는 관계가 곧 인도적 관계다. 그래야 우리는 하나님의 이름을 거룩하게 해드리는 것이다.[26]

우리는 거의 나 자신을 위해 살아간다. 그렇다 보니 기도할 때 내가 필요한 것만을 구한다. 그러나 우리가 주님의 기도를 따라 계속 기도하다 보면 나에게 꽂혀 있던 시선이 서서히 하나님을 향하게 된다. 주기도문이 가르치는 바와 같이 하나님의 거룩하심이 드러나기를 기도할 때, 우리는 하나님이 어떤 분인지를 확인할 뿐 아니라 우리가 어떤 존재인지도 발견한다.

(7) "아버지의 이름을 거룩하게 하시며"라는 이 간구는 우리를 죄의 유혹으로 끌어내리는 모든 저급한 욕구를

제거해야 함을 가르친다. 그래서 주기도문의 이 첫 번째 간구는 무거운 짐으로 느껴진다. 그렇다고 이 간구를 피해서는 안 된다. 주님은 제자들에게 이 간구가 하늘에 계신 우리아버지께 드릴 가치가 있는 첫 번째 기도임을 가르쳐 주셨다. 우리가 주님을 따르는 제자라면 마땅히 이 기도를 드려야 한다. 이 간구에 담긴 뜻을 삶을 통해 살려내야 한다. 이 간구에는 우리가 인간답게 살기를 바라시는 주님의 마음이 담겨 있기 때문이다. 알렉산더 슈메만은 이렇게 말했다.

> 이 간구가 사라지지 않는 한, 인간은 완전히 비인간화되지 않을 것입니다. 이 간구가 사라지지 않는 한, 인간은 아버지께서 인간을 창조하시며 주신 소명을 완전히 배신하지 않게 될 것입니다.[27]

4

—

아버지의 나라가 오게 하시며

하나님의 나라는 예수님이 선포하신 설교의 주제였다. "때가 찼고 하나님의 나라가 가까이 왔으니 회개하고 복음을 믿으라"(막 1:15). 예수님은 하나님의 다스림을 선포하고 하나님의 통치가 이루어지는 세상을 이루기 위해 이 세상에 오셨다.

하나님의 나라는 예수님의 삶과 기도의 제목이기도 했다. "너희는 먼저 그의 나라와 그의 의를 구하라"(마 6:33). 주님은 제자들에게 '하나님의 나라가 오게 해달라고 기도하라'(마 6:10 참조)고 하셨다. 그렇다면 '하나님의 나라'는 무엇인가?

    ‘하나님의 나라’는 보이는 영토를 경계로 하는 나라가 아니다. 하나님의 나라는 삶의 모든 영역에서 이루어지는 하나님의 다스림을 의미한다. 그렇다고 하나님의 나라를 이 세상 통치자의 다스림에 빗대어 생각하면 안 된다. 우리를 사랑하시는 아버지 하나님의 통치, 그분의 거룩하신 통치, 의롭고 선한 통치는 세상의 통치와 다르다. 하나님의 나라, 하나님이 다스리시는 곳에서는 치유와 구원이 일어난다. 억눌린 사람이 다시 일어서고 갇힌 사람이 해방된다. 그러므로 우리는 삶의 모든 영역에서 하나님의 다스림이 이루어지게 해달라고 기도해야 한다.

    그렇다면 "아버지의 나라가 오게 하시며"라는 기도는 우리의 믿음과 삶에 대해서 무엇을 가르치고, 우리 삶이 어떻게 달라지기를 요구하는가?

    (1) "하나님의 나라가 오게 하시며", 이 간구는 우리에게 믿음이 무엇인지 일깨워 준다. 믿음은 어떤 관념이나 감정이 아니다. 믿음은 하나님에 대한 간절한 느낌이 아니다. 믿음은 하나님의 존재에 대한 지적인 확신도 아니다. 감정과 지식에 머무는 믿음은 공허하고 힘이 없다.
    믿음은 하나님의 존재에 대한 확신, 하나님의 사랑에

대한 따스한 감정을 넘어 하나님을 신뢰하고, 하나님의 다스림을 받아들이는 것이다. 하나님의 나라가 오게 해달라고 기도하는 사람, 하나님의 다스림을 받아들이는 사람은 현실을 대하는 생각과 태도와 행동이 달라진다.

하나님의 나라에 비추어 보면 죄에 대한 이해와 태도가 달라진다. 죄는 규칙이나 법을 어기는 것 이상이다. 죄는 하나님의 다스림을 거부하는 것, 즉 반역을 말한다. 죄는 하나님의 나라에 가담하지 않는 것이다. 죄는 하나님이 가리키는 길을 거부하고, 하나님과 보조 맞추기를 거부하는 것이다. 그런 의미에서 죄의 반대는 믿음, 하나님의 다스림에 순종하는 믿음이다. 하나님의 다스림을 거부하는 것이 죄라는 말은 대한민국 국민이면서 다른 나라 법을 추종하고 다른 나라 통치자의 지시에 따라 사는 것과 같다. 하나님 나라의 백성인 그리스도인은 하나님을 따르고 하나님의 다스림에 순종하며 살아야 한다. 그리스도인은 하나님의 선하시고 기뻐하시고 완전하신 뜻을 분별하고 그 뜻에 순종하는 사람이다(롬 12:2).

(2) "하나님의 나라가 오게 하시며", 이 기도를 드리는 사람은 누구에게 충성을 바칠지, 누구의 다스림을 받을지, 누구의 뜻을 가장 중요하게 여길지 결단하도록 요구받는다.

예수님은 하나님의 나라를 선포하면서(막 1:15) 결단의 순간이 왔으니 회개하라고 하셨다. 회개하라는 것은 단순히 반성하거나 잘못된 행동을 뉘우치라는 뜻이 아니다. 하나님의 나라, 하나님의 다스림이라는 맥락에서 볼 때 회개는 충성의 대상을 바꾸는 것이다. 회개는 삶의 방향을 바꾸는 것이다. 우리 인간은 본능적으로 하나님을 주인 곧 왕으로 모시기보다 자기 자신이 삶의 주인, 왕이 되려고 한다. 그런 의미에서 회개는 자기가 왕이 되는 자기중심의 나라를 포기하는 것이다. '하나님의 나라가 오게 해달라'는 간구를 뒤집으면 '내 나라가 끝장나게 해달라'는 기도가 된다.

그리스도인이란 내가 주인이던 삶, 돈과 쾌락을 섬기던 삶, 나의 행복을 중심으로 돌아가던 삶에서 하나님이 주인이 되는 삶, 하나님의 다스림을 받아들이는 삶으로 바뀐 사람이다. 그리스도인은 예수 그리스도와 함께 하나님의 나라가 이 땅에 임했음을 안다. 주님의 다스림에 순종함으로써 우리는 하나님 나라를 이 땅에서 경험한다. 그러나 세상에서는 하나님의 다스림이 충만히 이루어지지 않고 있다. 그래서 우리는 하나님의 나라가 오게 해달라고 기도한다.

(3) "하나님의 나라가 오게 하시며", 이 기도를 드리는 사람은 세상 나라의 경계선에 대한 이해를 교정하게 된다.

하나님의 나라에는 세상 나라와 같은 경계선이 없다. 세상 나라는 경계선을 긋고 경계선 밖에 있는 사람을 차별하고 심지어 공격한다. 그러나 하나님의 나라는 성, 계급, 인종, 경제력, 출신 국가나 지방에 기초한 경계선을 인정하지 않는다. 하나님의 나라는 사람과 사람을 나누고 차별하는 세상의 모든 잘못된 경계선을 지워 버린다.[28] 그러므로 하나님의 다스림을 받아들이는 사람은 이 세상에서 구분하고 차별하는 것(남녀, 노소, 빈부, 계급, 지방색)이 얼마나 상대적이고 부차적이고 무시할 수 있는 것인지 알고 있다.

우리는 세례를 받음으로 하나님의 백성이 되었다. 그리스도인은 세상의 자의적인 구분과 차별의 경계선을 넘어선 사람이다. 그러므로 하나님의 나라가 오게 해달라고 기도하는 사람은 차별의 벽을 허물고, 압제당하는 사람에게 자유를 주며, 화해를 추구하는 사람이 되어야 한다.

(4) "하나님의 나라가 오게 하시며", 이 기도를 드리는 사람은 하나님의 다스림을 알고 받아들이는 이가 더 많아져서 이 세상이 좀 더 하나님 나라의 모습에 가까워지기를 간구한다. 이 기도를 드림으로써 우리는 이 세상의 모든 제도와 정치가 하나님이 원하시는 방향을 따라 더 나아지기를 기대한다. 믿음이 좋다는 사람 가운데 세상일에는 관심

을 두지 말아야 한다고 생각하는 이들이 있다. 그런 생각은 잘못이다. 기독교 신앙은 돈을 쓰는 방식, 시간을 쓰는 방식, 투표하는 방식과 깊이 관련된다. 물질과 권력에 대한 태도와 행동을 보면 우리가 하나님께 충성을 바치는 사람인지, 세상을 섬기는 사람인지 알 수 있다.

(5) "하나님의 나라가 오게 하시며", 이 기도를 드리는 사람은 하나님의 나라가 충만한 모습으로 실현되지 않았음을 인정한다. 그래서 하나님의 나라가 이루어지기를 기도하는 것이다. 하지만 이 기도를 드리는 사람은 낙심하거나 절망하지 않는다. 하나님의 나라는 예수 그리스도와 함께 이미 시작되었으며 종말에는 하나님의 나라가 완성될 것을 믿기 때문이다. 예수님이 가르치신 비유들은 그 나라가 결국에는 성취될 것을 보여 준다. 씨앗을 뿌리는 농부는 그 씨앗이 열매를 맺지 않을 수도 있음을 알고 있다. 갖가지 방해와 낭비가 있을 것을 알고 있다. 그렇지만 농부는 굴하지 않고 씨앗을 뿌리고 기다린다. 그러면 결국 풍성한 열매를 거두는 때가 온다.

그러면 왜 하나님의 나라가 오게 해달라고 기도해야 할까? 그것은 이 세상이 아직 하나님의 세상으로 완성되지 않았기 때문이다. 그리스도인은 이에 낙심하지 않고, 모든 창조 세계가 완성될 날을 바라보며 살아간다.

(6) "하나님의 나라가 오게 하시며", 이 기도를 드리는 사람은 구원에 대한 이해가 확장된다. 그리스도인은 이 세상 너머, 구원받은 사람들이 영생을 누리는 곳, 천국에 대한 기대를 품고 산다. 그런 희망이 잘못된 것은 아니다. 그러나 전통적인 그리고 통속적인 구원에 대한 이해는 종말에 대한 우리의 희망을 심각하게 훼손시킨다. '예수 천당, 불신 지옥'이라는 구호처럼, 예수를 믿으면 구원을 받아 천국에 가고 예수를 믿지 않으면 멸망을 받아 지옥에 간다는 단순한 도식은 구원을 오해하게 한다. 그런 생각은 우리가 이 세상에서 하나님의 다스림을 따라 사는 것을 의미 없게 만든다.

하나님의 나라는 가야 할 곳인데 왜 오게 해달라고 기도해야 할까? 이 세상의 삶과 천국의 삶에는 연속성과 비연속성이 있다. 우리가 현재 경험하는 몸은 제법 멋있고 좋아 보인다. 그러나 우리가 종말에 경험하게 될 몸은 현재의 몸과는 비교할 수 없다. 종말에 우리가 목격할 영광은 상상조차 할 수 없다. 그것은 어머니 자궁 안에서 자궁의 내부만 경험하는 태아가 나중에 태어날 이 세상을 도저히 상상할 수 없는 것보다 더 대단할 것이다. 그러나 중요한 것은 태아는 새로운 세상에 태어날 만큼 정상적으로 성장해야 한다는 사실이다. 구원은 이 세상에서 살아가는 모습을 통해 드러나고 경험되며 죽음 이후로 이어진다. 우리가 이 세상에서 누리는 하나님의 나라와 종말에 누릴 하나님의 나라는 연속성이 있다.

헛되지 않는 삶

다음은 톰 라이트가 쓴 《마침내 드러난 하나님 나라》를 읽으면서 상상해 본 내용이다.

* * *

바이올린은 그 색깔과 생김새 자체로도 꽤 아름답다. 그러나 그 바이올린이 정경화 바이올리니스트의 손에 들려지고 그녀를 통해서 나오는 선율을 들으면서 우리는 바이올린 자체의 모습에서는 상상하지 못한 아름다움을 경험하게 된다. 바이올린을 통해서 흘러나오는 선율의 아름다움은 바이올린의 형태가 보여 주는 아름다움과는 차원이 다른 아름다움이다.

나는 우리 인간도 그렇게 될 것 같다. 우리 인간은 그 자체로 아름답다. 어떤 사람은 매우 아름다워서 가는 곳마다 사람들의 눈길을 끈다. 그러나 인간의 아름다움은 하나님의 손에 붙들릴 때, 하나님의 손길에 기꺼이 응답할 때 전혀 다른 차원의 아름다움이 드러난다. 하나님의 다스림을 받아들이고 하나님의 곡조에 반응하며 살아가는 사람은 이 세상에서도 하나님의 아름다움을 드러낸다. 삶의 결이 달라진다. 그 사람은 종말에 이루어질 하나님의 나라에 어울리는 모습을 갖추게 된다.

이 세상에서 우리가 기울인 사랑과 믿음이 하나님의 은혜로 받아들여질 때, 하나님의 손길이 우리 삶을 만져 주실 때, 종말에 우리에게서 드러나는 아름다움은 어떤 것일까? 상상하건대 현재 우리에게 있는 아름다움과는 비교할 수 없는 아름다움, 전혀 차원이 다른 아름다움일 것 같다.

우리 삶은 허무하게 끝나지 않는다. '공수래공수거'(空手來空手去)라는 말이 있지만, 그리스도인에게는 해당하지 않는 말이다. 우리는 하나님의 손길에 의해 세상에 보내졌고, 하나님의 손길에 인도를 받다가 하나님의 손길에 안길 것이다. 우리가 이 세상에서 한 모든 일은 결코 허무하게 사라지지 않을 것이다. 사도 바울은 고린도전서 15장에서 예수 그리스도의 부활에 참여하게 될 우리에게 이루어질 질적 변화가 얼마나 놀라운지 말한 다음 이렇게 권면한다.

> 그러므로 나의 사랑하는 형제자매 여러분, 굳게 서서 흔들리지 말고, 주님의 일을 더욱 많이 하십시오. 여러분이 아는 대로, 여러분의 수고가 주님 안에서 헛되지 않습니다(고전 15:58, 새번역).

그렇다. 우리가 이 세상에서 기울인 모든 수고, 즉 정의를 위해서, 아름다움을 위해서, 하나님의 복음을 전하기 위해서 기울인 수고는 그 어떤 것도 허사가 되지 않는다. 우리의 모든 사랑과 수고는 하나님의 나라에서 황홀하게 성취될 것이다.

우리는 우리 힘으로 이 땅에서 하나님의 나라가 이루어지게 할 수 없다. 우리는 하나님의 나라가 오기를 기도할 뿐이다. 하나님 나라의 완성은 하나님이 하시는 일이다. 그렇다고 해서 예수 믿고 천당에 가기만을 기다리는 수동적인 자세는 옳지 않다. 사도 바울이 말했듯이 우리의 수고는 주님 안에서 헛되지 않다. 우리가 이 땅에서 하나님의 다스림에 순종하여 기울이는 모든 선행과 수고, 우리가 이 땅에서 하는 모든 일, 정의, 아름다움, 섬김, 사랑과 복음 전도 등

은 모두 의미가 있다. 그것들은 우리 삶과 인격에 녹아들어
종말에 황홀한 모습으로 변화되고 성취될 것이다.

5

—

아버지의 뜻이 이루어지게 하소서

예수님의 이름으로 기도한다는 것은, 하나님의 뜻을 더 중요하게 여기고 우리 자신의 뜻을 보다 덜 중요하게 여기는 훈련을 평생에 걸쳐 받는 것이다.[29]

(1) "아버지의 뜻이 하늘에서와 같이 땅에서도 이루어지게 하소서", 이 간구는 주님이 얼마나 아버지 하나님의 뜻에 주목하고 아버지의 뜻을 이루려고 하셨는지 기억하도록 해준다. 이 기도를 드림으로 우리는 예수님의 태도와 행동에 더 깊이 뿌리내리고 싶은 갈망을 표현한다. 예수님의 삶은 주님이 가르치신 기도에 그대로 반영되어 있다.

나의 양식은 나를 보내신 이의 뜻을 행하며 그의 일을 온
전히 이루는 이것이니라(요 4:34).

내가 하늘에서 내려온 것은 내 뜻을 행하려 함이 아니요
나를 보내신 이의 뜻을 행하려 함이니라. … 내 아버지의
뜻은 아들을 보고 믿는 자마다 영생을 얻는 이것이니…
(요 6:38-40).

우리는 기도가 우리의 뜻이 아니라 하나님의 뜻을 성
취하려는 것임을 깨달아야 한다. 모든 참된 그리스도인의
기도는 예수님이 겟세마네에서 하신 기도처럼 끝난다.

그러나 내 뜻대로 되게 하지 마시고, 아버지의 뜻대로 되
게 하여 주십시오"(눅 22:42, 새번역).

(2) "아버지의 뜻이 하늘에서와 같이 땅에서도 이루어
지게 하소서", 이 간구는 우리를 세상에 함몰되지 않게 해
준다. 주기도문으로 기도하면서 우리는 먼저 하나님을 바
라본다. 그러나 하나님을 모르는 세상, 모든 것이 자신의 결
정에 달려 있다고 외치는 이 세상은 끊임없이 우리에게 말
한다. "온 세상이 당신 손안에 있습니다"(마스터카드 광고 문

구). 내가 내 운명의 주인이며, 영혼의 선장이라고 한다. 세상의 속삭임은 하나님을 바라보지 못하게 한다. 하나님의 역사를 보지 못하게 한다. 이런 세상에서 그리스도인은 무엇을 할 수 있을까? 우리는 예배를 드린다. 기도한다. 노래한다.

> 우리는 매주 모여 [하나님과 하나님의 구원] 이야기를 들려주고, 기도하고, 노래한다. 그 이유는 이 세상에서 실제로 일어나고 있는 일, 곧 하나님이 우리의 악을 선으로 바꾸고 계신 것을 보다 잘 인식하기 위해서다.[30]

우리는 교회에 나와 예배를 드리면서 하나님을 주목한다. 하나님을 주목하면서부터 우리의 기도는 바른 위치와 내용을 갖게 된다. "아버지의 뜻이 하늘에서와 같이 땅에서도 이루어지게 하소서"라고 기도할 때 우리는 하나님이 원하시는 것을 간구해야 함을 배운다.

(3) "아버지의 뜻이 하늘에서와 같이 땅에서도 이루어지게 하소서", 이렇게 기도하는 사람은 하나님이 원하시는 것을 구하고, 하나님의 뜻을 추구하는 것이 좋은 삶, 복된 삶임을 고백한다. 그러나 세상은 자신의 욕망을 만족시키

며 사는 것이 좋은 삶이라고 가르친다.

헬무트 틸리케가 말했듯이 아무리 행복을 바란다 해도 자신의 뜻에 매달려 자기만을 고집하는 사람이 행복을 누린 적은 단 한 번도 없다. 그러므로 우리는 이것저것을 달라고 기도하기 전에 먼저 하나님의 뜻을 우리에게 나타내 주시기를 기도해야 한다.

우리는 고삐 풀린 욕망의 세상에서 살고 있다. 우리 문화에서는 모든 것이 우리가 원하는 것을 얻어 내는 수단으로 축소된다. 우리가 사는 세상은 끊임없이 소비를 부추기는 거대한 욕망의 슈퍼마켓이다. 욕망의 슈퍼마켓에서 끊임없이 원하는 것을 찾아 헐떡이는 우리에게 하나님은 말씀하신다. "내가 너를 원한다. 내가 너를 사랑한다."

우리에게 필요한 기도는 하나님 아버지의 뜻과 우리가 원하는 바가 얼마나 다른지 알게 해달라는 기도다.

(4) "아버지의 뜻이 하늘에서와 같이 땅에서도 이루어지게 하소서", 이 간구는 우리를 '하나님의 뜻'에 민감해지게 한다. 하나님의 뜻이 무엇일까? 하나님의 뜻을 어떻게 알 수 있을까? 하나님의 뜻이 분명한 경우도 많다. 우리가 누군가를 미워하고 있을 때 하나님의 뜻은 그와 화해하고 사랑하는 것이다. 다만 실천하지 못할 뿐이다. 그러므로 무

엇이 하나님의 뜻인지 몰라서 하나님의 뜻대로 살지 못한다고 변명하지 않아야 한다. 그럼에도 우리는 하나님의 뜻에 대해서 알고 싶은 것이 많다. 잠시 정리하고 넘어가자.

① 하나님의 뜻을 알고 하나님의 뜻을 따라 살려면 자신이 하나님과 어떤 관계에 있는지 바로 인식해야 한다. 진심으로 하나님의 뜻을 구하는 사람은 하나님의 뜻이 무엇인지 알게 된다. 그리스도인에게 인생이란 하나님과 함께 써나가는 이야기다. 그리스도인이 된다는 것은 나의 작은 이야기가 하나님의 큰 이야기, 구원의 이야기 속에 합류하여 흘러가고 있음을 아는 것이다. 그리스도인은 모든 사건 뒤에 보이지 않는 하나님의 손과 거대한 목적과 뜻이 작용하고 있음을 발견한다. 자신이 하나님의 자녀임을 깊이 인식하며 사는 사람은 하나님의 뜻에 민감해지고 하나님의 뜻에 순종하려고 한다.

로마서 12장 2절에서 사도 바울은 "너희는 이 세대를 본받지 말고 오직 마음을 새롭게 함으로 변화를 받아 하나님의 선하시고 기뻐하시고 온전하신 뜻이 무엇인지 분별하도록 하라"라고 했다. 그런데 이 말씀은 12장 1절과 함께 읽어야 한다. "너희 몸을 하나님이 기뻐하시는 거룩한 산 제물로 드리라." 그렇다. 자신의 이기적인 욕망을 내려놓을 때, 하나님께 우리 삶을 바칠 때, 성령의 감화 가운데 있을 때, 우리는 어떻게 사는 것이 하나님의 뜻인지 더 잘 분별할 수 있다.

②하나님의 뜻은 우리가 어디로 가야 하는지, 언제 이사 가야 하는지, 누구와 결혼해야 하는지 지시하는 것이 아니다. 하나님의 뜻은 어느 곳에 가든지 누구와 살든지 우리가 생명을 풍성하게 누리며 살아가는 것이다. 하나님의 뜻은 예수님을 믿음으로 구원을 받아 하나님의 생명(영생)에 참여하는 사람이 되는 것이다(요 6:39-40). 하나님의 말씀을 따라 하나님의 자녀답게 살아감으로 하나님께 영광을 돌리는 것이다(고전 10:31). 테르툴리아누스는 주기도문을 해설하면서 하나님의 뜻은 궁극적으로 우리가 구원받는 것이고, 우리가 하나님의 말씀을 따라 사는 것이라고 했다.

> 하나님의 뜻이란 우리가 그분의 훈계에 따라 행하는 것이 아니면 무엇이겠는가? 그래서 우리는 하나님의 뜻의 실질적 내용을 우리에게 알려 주시기를, 그리고 그것을 행할 능력을 주시기를, 그리하여 우리가 하늘에서도 땅에서도 구원받을 수 있기를 간구한다. 왜냐하면 하나님 뜻의 절정은 하나님께서 양자 삼으신 이들의 구원이기 때문이다.[31]

③ 하나님의 뜻을 알기 위해서 정말 중요한 것은 이것이다. 하나님의 뜻이 무엇인지 알려고 하면 먼저 하나님의 뜻이 이루어지기를 진심으로 원해야 한다. 예수님이 그랬듯이 하나님의 뜻을 온몸으로 채워 갈 각오가 되어 있어야 한다. 그런 각오가 되어 있지 않다면 '하나님의 뜻'을 알아도 아무 소용이 없다. 하나님의 뜻을 알아도 그 의미를 왜곡하거나 자기 뜻에 맞게 해석하게 된다. 아버지의 뜻이 이루어지게 해달라는 기도는 하나님이 기대하시는 일을 온몸으로 채워 갈 각오가 되어 있는 사람, 하나님이 낮아지라고 하시면 낮아지고 가난해지라고 하시면 가난해지려는 사람이 드릴 수 있는 기도다.[32]

(5) "아버지의 뜻이 하늘에서와 같이 땅에서도 이루어지게 하소서", 이 간구는 이 세상 곳곳에서 하나님의 뜻이 이루어지지 않고 있다는 사실을 전제하고 있다. 사실 인간의 역사는 하나님의 뜻에 순종하기를 거부한 역사였다. 불의가 판을 치고 가난하고 힘없는 사람들이 고난을 겪고 있다. 그러나 주님의 기도를 드리는 사람은 비록 악한 현실 속에서 살고 있지만, 하나님의 권능과 사랑을 믿으며 하나님의 뜻이 이루어질 것을 바라며 산다.

우리는 아버지의 뜻이 땅에서도 이루어지게 해달라고

기도하지만, 언제까지 그 뜻이 이루어져야 하는지 알지 못한다. 그래서 쉽게 포기하고 낙담한다. 그러나 세상 모든 일이 당장 바로잡혀야 하는 것은 아니다. 하나님의 뜻이 이루어지기를 바라는 우리에게 결여된 것 중 하나는 기다림이다. 인내다. 우리는 십자가에 못 박히신 하나님의 인내를 배우는 인내하는 백성이 되라고 부름 받은 사람들이다.[33]

(6) "아버지의 뜻이 하늘에서와 같이 땅에서도 이루어지게 하소서", 이 기도를 드림으로써 우리는 하나님의 뜻에 순종하며 살겠다고 다짐한다. 이 간구에는 불평이나 절망의 요소가 없다. 이 기도에는 어린아이가 엄마 품에 안기는 것과 같은 신뢰와 맡김이 담겨 있다. 그리스도인은 자기 자신의 관점과 생각이 유한하고 잘못된 것일 수 있음을 인식하고, 하나님 아버지께 우리 자신을 맡기고 그분의 손에 우리 전체 여정을 맡겨야 한다.

생각 나눔

주기도문으로 기도하는 삶

다음은 오래전에 내 페이스북에 올린 글이다.

✷　✷　✷

인터넷 〈뉴스앤조이〉에서 스탠리 하우어워스의 강연 내용을 읽다가 마음에 와닿는 글을 발견했다. 신학자인 그는 조울증이 있는 아내와 힘겹게 살았다. 아니, 살아남기 위해 발버둥 쳤다. 그는 이렇게 말한다.

기독교인이 된다는 것을 배우는 것은 답이 없이 사는 것을 배우는 것이다. 답이 없이 사는 방법을 배우면 기독교인이 된다는 것이 정말 훌륭한 일이 될 것이다. 믿음이라는 것은 답을 모른 채 계속 살아가는 것이다. 너무 쉽게 말한다고 생각할 수도 있겠지만, 이런 나의 주장이 최소한 내가 기독교인으로 살면서 내 인생이 왜 무진장 흥미로운지를 설명해 줄 수 있다고 생각한다.

이 말에 담긴 뜻을 김영봉 목사님이 잘 정리해 주고 있다고 생각되어 옮겨 놓는다.

믿음의 길을 가는 일에서 가장 조심할 것이 '확실한 것'을 찾는 일입니다. 한계 안에 갇힌 인간으로서 뭔가 확실한 것을 찾는 심정은 충분히 이해할 수 있습니다. 하지만 육신을 입고 사는 인간이 영이신 하나님을 의지하고 살아가는 믿음의 길에는 언제나 '모호함'과 '불확실성'이 존재합니다. 그것이 기독교 신앙의 근본 성격입니다.[34]

믿음으로 사는 것은 참 좋다. 내게 일어난 사태에서 하나님의 뜻을 발견할 수 없을 때가 있다. 그래도 우리는 자포자기하지 않는다. 왜냐하면 그 일이 우리에게 어떻게 보이든 결국에는 우리를 유익하게 하시는 하나님께서 우리를 선하게 인도하실 것을 신뢰하기 때문이다. 많은 경우 우리

는 하나님의 뜻을 묻기 전에 하나님의 선의에 대한 믿음을
가져야 한다. 하나님은 예레미야를 통해서 이렇게 말씀하
신다.

> 내가 너희를 두고 계획하고 있는 일들은 재앙이 아니라
> 번영이다. 너희에게 미래에 대한 희망을 주려는 것이다.
> 나 주의 말이다. 너희가 나를 부르고, 나에게 와서 기도하
> 면, 내가 너희의 호소를 들어주겠다(렘 29:11-12, 새번역).

주기도문으로 기도하는 사람은 예수님을 따라 하나님
의 뜻을 더 중요하게 여기고 자기 자신의 뜻을 덜 중요하게
여기는 훈련을 평생에 걸쳐 받는 사람이다.

> 기도를 시작할 때는 하나님의 뜻을 움직이려 한다. 기도
> 를 마칠 때는 그분 뜻이 나를 움직이도록 나를 맡긴다. 기
> 다리는 기도는 하나님보다 앞서 행하지 않는 훈련이다.
> (유진 피터슨)

6

—

오늘 우리에게
일용할 양식을 주시고

예수님은 주기도문에서 먼저 하나님에 관하여 기도해야 할
것 세 가지를 말씀하셨다. 그리고 이어서 우리를 위한 기도
세 가지를 말씀하셨다. 6장에서는 후반부 첫 번째 간구인
'일용할 양식'에 대해 알아보기로 하자.

초기 교회의 다양한 해석

"오늘 우리에게 일용할 양식을 주시고"라는 기도는 그
의미가 분명해 보인다. 그러나 초기 그리스도인들은 이 기

도에 담긴 의미를 더 깊이 파고들었다.

첫째, 교인들은 이 간구를 할 때 음식을 포함하여 의복 등 우리 생계에 필요한 것을 구하라는 뜻으로 받았다.

둘째, 교인들은 이 간구를 할 때 성찬식에서 나누는 떡을 떠올렸다. 주님께서 간구하라고 하신 일상의 떡과 성찬을 나눌 때 나누는 떡의 상관관계를 인식했다. 그들은 주님께서 "너희는 썩어 없어질 양식을 얻으려고 일하지 말고, 영생에 이르도록 남아 있을 양식을 얻으려고 일하여라"(요 6:27, 새번역)라고 하신 말씀을 잘 알고 있었다. 그들은 예수님이 "내가 생명의 빵이다. 내게로 오는 사람은 결코 주리지 않을 것이다"(요 6:35, 새번역)라고 하신 말씀도 기억했다.

셋째, 교인들은 예수님이 광야에서 시험을 받으실 때에 사탄의 유혹을 물리치며 하신 말씀을 기억했다. "사람이 빵으로만 살 것이 아니라, 하나님의 입에서 나오는 모든 말씀으로 살 것이다"(마 4:4, 새번역). 그들은 말씀의 떡이 날마다 그리스도인들에게 살아갈 힘을 준다고 생각했다.

아우구스티누스는 '일용할 양식'에 대한 전통적인 해석을 다음과 같이 요약해서 보여 주었다.

일용할 양식이 가리키는 것은 (1) 현재의 삶을 유지하는데 필요한 모든 것… (2) 또는 그리스도의 몸의 성례로, 우리가 날마다 받는 것 (3) 또는 영적 음식…이다.

…누구든 이 말이 몸에 필요한 떡을 가리킨다거나 주님의 몸의 성례를 가리킨다고 이해하고자 한다면, 위의 세 가지 의미를 다 알아야 할 것이며, 그래야 우리는 우리 몸에 필요한 떡, 성례 때 성별된 눈에 보이는 떡, 하나님의 말씀인 눈에 보이지 않는 떡을 한꺼번에 구할 수 있다.[35]

일용할 양식을 구하는 기도에 담긴 뜻

(1) "오늘 우리에게 일용할 양식을 주시고"라는 간구를 하면서 우리는 하나님의 은혜로 살아감을 깨닫는다. 이 기도는 우리가 밥을 먹고 사는 육신을 지닌 존재라는 점을 상기시켜 준다. 우리는 하나님의 돌보심 가운데 생존이 유지된다. 그렇다. 우리는 하나님이 주시는 매일의 평범하고 필수적인 선물들이 없다면 죽을 수밖에 없는 존재다.

(2) "오늘 우리에게 일용할 양식을 주시고"라는 간구는 하나님의 주권을 인정하며, 그분의 다스림에 우리 삶을 맡긴다는 고백이다. 이 기도는 그날그날을 하나님을 의지하며 살아가겠다는 다짐이요, 그분의 은혜에 감사하는 마음

을 표하는 것이다. 이 기도를 드리면서 하나님이 연약한 우리를 보살피신다는 점을 고백한다. 성찬을 받아먹으면서 우리를 위한 주님의 희생과 사랑과 구원의 은혜를 인식하듯이, 식탁에 놓여 있는 밥 한 그릇을 먹으면서 우리는 하나님의 선물과 돌보심과 은총을 인식한다. 하나님께 감사한다. 세상에 당연히 받아도 되는 것은 없다.

솔직히 우리는 일용할 양식을 걱정하는 처지에 있지 않다. 주방과 냉장고에 먹을 것이 가득하다. 그래서 '오늘 우리에게 일용할 양식을 달라'는 기도가 절실하지 않다. 하지만 우리는 이 기도를 진지하게 드려야 한다. 이 기도는 비록 냉장고에 가득한 식재료를 꺼내 조리해 먹더라도 양식을 주신 분은 하나님이심을 기억하는 것이고, 하나님의 임재가 우리 가운데 날마다 임하기를 구하는 것이기 때문이다.

(3) "오늘 우리에게 일용할 양식을 주시고"라는 기도에서 양식은 '영의 양식'도 포함된다. "일용할"로 번역된 그리스 단어 에피우시오스(epiousios)는 다양하게 번역할 수 있다. '내일을 위한'으로 번역할 수도 있고, '오늘을 위한'(일용할)이라고 번역할 수도 있다. '존재하는 날을 위한', '생존을 위한' 혹은 '본질적인 것을 위한'이라고 해석할 수도 있다. 그렇다면 이 기도는 하나님의 자녀답게 살아가는 데 '필요

한 양식'을 구하라는 뜻으로 받을 수도 있다. 그런데 하나님의 자녀답게 살아가려면 육신의 양식도 필요하지만, 영의 양식, 하나님의 말씀도 필요하다. 예수님은 돌을 빵으로 만들어 먹으라는 사탄의 유혹에 이렇게 말씀하셨다. "사람이 떡으로만 살 것이 아니요 하나님의 입으로부터 나오는 모든 말씀으로 살 것이라"(마 4:4).

"주의 말씀은 내 발에 등이요 내 길에 빛"이다(시 119:105). 성경이 사람의 마음을 완전히 붙잡고 흔들어 인생의 방향과 목적까지 바꿔 놓기도 하지만, 일상에서 이 시편 말씀은 어둠 속을 걷듯 더듬더듬 나아가는 우리가 하루하루 붙잡아야 할 권고와 약속, 명령으로 체험된다.

확대하여 해석하자면, 우리가 사람답게 살기 위해 필요한 마음의 양식인 좋은 책도 우리 삶에 필요한 양식이 될 수 있다.

> 예수님이 구하라 하신 일용할 양식에는 당연히 일용할 책도 들어 있을 터, 딱 하루치 먹을거리를 매일매일 구하는 심정으로 책을 상대하면 어떨까.[36]

(4) "오늘 우리에게 일용할 양식을 주시고"라는 기도를 드리면서 우리는 하루하루 믿음으로 살아가야 함을 깨닫는

다. 아침에 잠에서 깰 때마다, 우리가 살아 있는 것은 오직 날마다 우리에게 공급해 주시는 하나님의 선물 때문임을 깨닫는다. 문학가이자 기독교 변증가인 C. S. 루이스는 닥치지 않은 위험을 걱정하는 어느 부인의 편지에 이렇게 답장을 보냈다.

> '우리에게 일용할 양식(종신연금이 아니라)을 주옵소서'라는 기도는 영적 은사에도 해당됩니다. 매일의 어려움을 감당할 만큼의 도움이 그날그날 주어집니다. 삶은 하루하루, 시간시간 감당해 나가야 합니다.[37]

광야에서 조상들에게 하나님이 양식을 내려주신 이야기를 듣고 자란 예레미야 예언자는 이렇게 고백했다.

> 그러나 마음속으로 곰곰이 생각하며 오히려 희망을 가지는 것은, 주님의 한결같은 사랑이 다함이 없고 그 긍휼이 끝이 없기 때문이다. "주님의 사랑과 긍휼이 아침마다 새롭고, 주님의 신실이 큽니다"(애 3:21-23, 새번역).

이 기도는 과소비 문화 가운데 살아가는 우리에게 다음과 같이 기도할 것을 가르친다. "만족할 줄 아는 은총을 주소서." "세상이 우리에게 너무도 많은 것을 가져야 한다고 유혹할 때 '아니요'라고 말할 수 있도록 도우소서." 이렇게 기도할 때 우리는 기본으로 돌아가는 법을 배우게 될 것이다. 우리가 원하는 것이 아니라 우리에게 정말 있어야 할 것을 원하는 법을 배우게 될 것이다.

(5) "오늘 우리에게 일용할 양식을 주시고"라는 기도를 드리면서 우리는, 풍요로운 세상에 살고 있지만 여전히 굶주리는 사람이 있음을 기억하게 된다. 주님은 '나의 양식'을 구하는 것이 아니라 '우리의 양식'을 구하라고 하셨다. 그리스어 원문을 직역하면 이렇다. "오늘 우리에게 **우리의** 일용할 양식을 주시고." 이 기도는 일차적으로 내가 외면할 수 없는 가족, 형제자매, 동료를 떠올리며 드리는 기도지만 더 넓게 확장된다. "모든 사람이 평화롭게 밥을 먹는 세상이 되게 하소서."

초기 교회 교부들은 이 점을 강조하면서 매우 직설적으로 말했다. 초기 문서 〈디다케〉에는 이런 내용이 나온다.

받을 때는 재빨리 손을 벌리고, 주어야 할 때는 손을 거둬들이는 사람들을 닮지 말라. … 곤궁한 사람들을 물리치지 말고, 모든 것을 형제와 나누며 그 무엇도 내 것이라 하지 말라. 영원한 것을 나눌진대, 하물며 지나가 버릴 것은 더욱 많이 나눠야 하지 않겠는가?"[38]

알렉산드리아의 클레멘스는 자기밖에 모르는 사람은 기괴하다고 하면서 이렇게 말했다.

자기 재산을 사용할 자유에 대해서는 나도 잘 안다. 하지만 사는 데 꼭 필요한 만큼에 한해서만 그렇다. … 궁핍한 사람들이 많은데 혼자 사치스럽게 사는 사람은 기괴하다.[39]

"오늘 우리에게 일용할 양식을 주시고"라는 기도는 배고픈 이웃에게 우리가 어떻게 해야 하는지를 일깨워 준다. 이 간구는 우리 이웃의 필요에 대하여 우리가 해야 할 책임을 받아들이는 것이요, 누군가의 수고를 통해서 먹을 것이 내게 왔다는 점을 받아들이는 것이다. 혼자 힘으로 먹고살 수 있는 사람은 아무도 없다. 그러므로 이 기도를 드리는 사람은 다음 세 가지를 생각하면 좋겠다.

첫째, "밥은 서로 나누어 먹고 친교의 끈을 더 튼튼히 해주는 한에서만 '인간적' 양식이 된다."[40] 세상에는 어쩔 수 없어서 외롭게 혼자 먹는 사람도 있다. 그런데 욕심 때문에 좋은 음식을 혼자만 독차지하려고 가난한 이웃을 외면하고 자기 가족하고만 먹는 사람도 있다. 그런 식사는 인간적인 식사가 아니라 '동물적' 식사다.

> 남의 것을 돌려주지 않는 사람들은 자신의 빵을 먹는 것이 아니다. 자신의 것과 함께 다른 사람의 빵도 먹어 치우고 있는 것이다. (마이스터 에크하르트)

우리가 먹는 밥이 착취의 결과라면 그 밥은 하나님이 축복하신 밥이 아니다. 그것은 '악마적' 식사다.

둘째, 양식은 공동체적 산물일 뿐 아니라 공동의 책임이다. 이 기도를 배울수록 필연적으로 우리 삶은 서로 연결되어 있음을 깨닫는다. 우리는 다른 사람의 수고와 그들의 성과를 나누어 받으며 우리의 삶과 수고의 결과를 다른 이들에게 내주게 된다.

셋째, 우리는 삶의 규모를 줄이고 검소하게 살기를 다짐한다. 이웃의 가난을 덜기 위해 나의 물질을 나눈다. 가난이 사회구조적인 문제라는 이유로 절박한 형제자매를 외면하는 것은 주님을 외면하는 일이다.

우리의 신앙은 일상의 삶, 즉 소비와 재정 생활과 연결되어 있다. 그리스도인은 가난한 이웃, 가난한 나라의 백성을 위해 자기가 가진 것을 나누는 삶을 실천해야 한다. 구원은 물질과 깊이 연관되어 있다. 내 손의 빵은 물질이다. 그러나 그 빵이 배고픈 이웃에게 전달될 때 그 빵은 영적인 것이 된다.

> "오늘 우리에게 일용할 양식을 주시고"라고 기도하는 것은 우리 자신을 근본적으로 재검토하는 것이며, 양식이라는 선물을 통해 우리에게 제시된 하나님의 요청을 인정하는 것이며, 우리 이웃의 필요에 대한 우리 책임을 받아들이는 것이다.[41]

생각 나눔

일용할 굶주림

2010년 6월 호 〈행복이 가득한 집〉 앞부분에 실린 오정희
님의 칼럼 "정말 하고 싶은 이야기"를 읽다가 느낀 내 생각
을 담아 보았다.

* * *

프랑스 철학자 가스통 바슐라르는 우리가 일용할 양식을
구하듯 매일 아침 "오늘도 내게 일용할 굶주림을 주소서!"
라는 기도로 무형의 양식을 청하며, '존재의 테이블'이라
명명한 작은 책상에 앉아 읽을거리를 탐식했다고 한다.

그래 이제는 나에게도 일용할 굶주림이 필요하다. 아버지가 가난한 시골 교회 목사님이셨을 때, "우리에게 일용할 양식을 주옵시고"는 내게 정말 절실한 기도였다. 그런데 그 기도가 지금 내게는 전혀 절실하지 않다. 주방과 냉장고에는 언제나 먹을 것이 있기 때문이다. 물론 풍요로운 이 시대에도 일용할 양식이 절실한 사람들이 있다. 그러므로 '우리에게 일용할 양식을 달라'는 기도는 여전히 필요하다. 그럼에도 불구하고 내게는 가스통 바슐라르가 구했다는 '일용할 굶주림'이 필요하다. 일용할 굶주림이 있어야 찾고, 구하고, 먹고, 성장한다.

젊은이들은 호기심, 지적 욕구가 넘친다. 언제나 배가 고프다. 알고, 느끼고, 경험하고 싶은 것이 많다. 그러나 나이가 들어가면 모든 것이 당연해지기 시작한다. 정신적·지적 굶주림이 없어진다. 모든 것이 시들해진다. 읽고 싶은 것도 없고, 알고 싶은 것도 없어진다. 그러면 무기력해지고 성장이 멈춘다. 신앙의 노년기도 마찬가지가 아닐까? 교회를 오래 다니면 말씀에 대한 배고픔이 없어진다. 설교 말씀에 대한 관심도 옅어진다. 하나님의 말씀에 대한 영적인 배고픔이 필요하다. 그래야 말씀을 달게 먹고 소화시킬 수 있다. 오늘 우리에게 정신적·영적 일용할 갈급함을 주소서! 오늘 내게 그리고 우리 모두에게 일용할 굶주림을 주소서!

7

—

우리 죄를 용서하여 주시고

우리가 사는 세상이 즐겨 찾는 주제는 무엇인가? TV, 영화, 드라마, 각종 인터넷 매체가 즐겨 다루는 주제는 '죄의 유혹', '죄짓는 쾌락', '죄를 폭로하고 응징하려는 집요한 시도' 등이다. 이것이 세상이다.

그러나 성경의 주제는 '사랑'이고 '용서'다. 죄의 용서와 구원은 신약성경의 기본 주제다. 신약 안에는 죄를 고발하는 자가 있는 것이 아니라 죄 짐을 극복하는 분이 서 있다. 신약의 메시지는 죄를 추궁하는 것이 중심이 아니라 죄인들을 용서하는 하나님의 사랑이 핵심이다.[42] "우리가 우리에게 잘못한 사람을 용서하여 준 것같이 우리 죄를 용서

하여 주시고"라는 간구는 신약성경의 중심 메시지와 연결
되어 있다.

용서받아야 하는 존재이자
용서해야 하는 존재

우리 죄를 용서해 달라는 기도는 저마다 자기가 받은
상처를 어루만지면서 가해자의 처벌을 요구하는 세상에서
용서와 화해를 추구하라고 가르친다. 우리는 피해자이기만
한 것이 아니라 가해자이기도 하다. 우리는 모두 죄를 범한
사람이며, 서로에게 빚진 자이며, 그래서 하나님과의 관계
에서 그리고 사람과의 관계에서 용서와 용납이 필요한 존
재다. 잘못이 없는 사람, 죄를 짓지 않고 사는 사람은 없다.

불행한 가정은 어떤 가정인가? 용서가 없는 가정이다.
우리는 서로 잘못을 저지르고 상처를 준다. 그러므로 용서
가 없으면 새로운 시작이 불가능하다. 용서가 없으면 얼어
붙는다. 용서가 없는 부부, 용서가 없는 부모 밑에서 자란
아이들, 그들의 삶은 지옥 비슷할 것이다.

(1) "우리가 우리에게 잘못한 사람을 용서하여 준 것같

이 우리 죄를 용서하여 주시고", 이 간구는 남의 죄를 용서해야 우리 죄도 용서받을 수 있다는 말이 아니다. 우리는 이미 용서받은 자녀로서 하나님께 나아가 기도하고 있음을 기억해야 한다. 마태복음 18장 23절 이하의 '용서할 줄 모르는 종'의 비유는 이미 용서받은 사람으로서 다른 사람을 용서해야 할 것을 가르치고 있다.

하나님은 우리가 용서하는 것을 조건으로 우리 죄를 용서하시는 분이 아니다. 그러면 왜 '우리가 우리에게 잘못한 사람을 용서한 것같이' 우리 죄를 용서해 달라고 기도하도록 가르치셨을까? 그 이유는 우리의 기도가 거짓된 것이 되지 않아야 하기 때문이다. J. M. 로호만은 '경건한 거짓말', '경건한 분열증'이란 말로 이를 설명한다.[43] 하나님께 죄를 용서해 달라고 기도하지만 이웃의 잘못을 용서하지 않는 경건한 분열증은 용납될 수 없다는 것이다. 우리는 죄의 용서를 나 자신에게 잡아 두거나, 나 자신만을 위해 독점할 수 없다. 여기에 이유 하나를 덧붙이자면, 우리가 받은 하나님의 용서가 사람들의 구체적인 삶과 인간관계 속에서 나타날 때 그 용서의 힘은 나는 물론 상대방과 공동체를 살려내기 때문이다. 우리는 하나님이 주시는 복의 통로가 되어야 할 뿐 아니라 하나님이 베푸시는 용서의 통로도 되어야 한다.

(2) 용서는 용서를 받는 사람뿐 아니라 용서하는 사람 자신을 살게 한다. 용서는 나를 해방시키는 행위다. 나를 풀어 주는 행위다. 용서는 상처를 받음으로 생긴 부정적 기운으로부터 나를 해방시킨다. 용서하지 못하고 미워할 때 우리는 어둠 속에 있게 되고, 과거에 갇혀 살게 되고, 마음속에 독이 자리하게 된다. 그러므로 우리 자신을 위해서라도 용서해야 한다.

물론 용서하는 것과 죄를 묵인하는 것을 혼동하면 안된다. 악인에게 이용당해 자신과 가정을 파탄에 이르게 하는 어리석은 사람이 되어서는 안 된다. 불신을 조장하고 공동체를 파괴하는 행동을 방치하는 것은 용서가 아니다. 그러나 내게 상처를 준 사람을 용서하지 않고 계속 붙들고 있는 것은 나의 삶을 더욱 황폐하게 할 뿐이다. 우리는 용서하지 않음으로써 스스로 벌을 받는다. 헨리 나웬은 이런 말을 했다.

우리의 감정을 상하게 한 사람들을 우리가 용서해 주지 않으면 우리는 그 사람들을 항상 우리 마음속에 간직하고 다니거나, 더 나쁘게는 무거운 짐으로 그 사람을 끌고 다녀야 합니다. 그러므로 용서는 다른 사람뿐 아니라 우리 자신 또한 자유롭게 합니다. 용서는 하나님의 자녀로서

자유로 가는 길입니다.[44]

그렇다. 우리는 용서함으로써 우리에게 상처를 준 사람을 마음에서 내려놓아야 한다. 다른 사람의 멱살을 계속 잡고 있으면 우리는 원망과 노여움과 복수에 사로잡혀 있게 된다. 우리에게 상처 준 사람을 미워하고, 그 상처를 계속 확인하면서 그 사람을 떠올리고 원망하는 동안 우리는 스스로 자신을 감옥에 가두게 된다.

(3) 용서는 우리에게 해를 가한 동료 인간을 향한 관대함의 행위이기보다는 우리를 용서하시는 하나님을 향한 감사의 행위다. 용서는 자연적인 것이 아니다. '눈에는 눈, 이에는 이' 정도가 아니라 '눈에는 심장'이라고 하는 것이 세상의 태도다. 용서하려면 은혜가 필요하다. 하나님의 은혜를 기억하고 하나님의 은혜에 잠겨야 한다. 기도로 하나님의 도움을 구해야 한다. 이것이 바로 "우리가 우리에게 잘못한 사람을 용서하여 준 것같이 우리 죄를 용서하여 주시고"라고 날마다 기도해야 하는 이유다. 이 기도를 하면서 우리는 나의 죄를 용서해 주신 하나님의 은혜를 기억하고 확인한다. 다른 사람을 용서할 수 있는 용기는 우리가 용서받은 사람들이라는 깨달음에서 나오는 겸손에서 비롯된다.

다른 사람을 용서하지 못하는 사람은 천국에 도달하기 위
해 반드시 건너야 하는 다리를 허물고 있는 것이다. (조지
허버트)

다른 사람과의 관계를 회복하려면 먼저 내가 얼마나
큰 은혜를 받은 사람인지 생각하고 감사하는 마음을 회복
해야 한다. 그리고 간절한 마음으로 하나님의 은혜를 구해
야 한다. 하나님의 은혜는 강물과 같고 바다 같아서 우리의
메마르고 무기력한 마음의 제방을 무너뜨린다.

하나님의 은혜는 우리의 상상력을 넓혀 준다. 그래서
상대방과 사태를 더 넓은 관점에서 볼 수 있게 한다. 은혜를
받으면 내게 상처 준 사람의 내면을 보면서 그의 상처를 이
해할 수 있게 된다. 그 사람을 불쌍히 여기게 된다. 그가 나
에게 어떤 상처를 주었는지 생각하지 않는 상태가 되면 붙
잡고 있던 그의 멱살을 완전히 놓아 준 것이다.

용서는 하나님이 주시는 풍요로운 삶을 누리며 살게
한다. 용서하지 않는 것은 하나님의 은혜를 거부하는 것이
다. 우리가 우리에게 잘못한 사람을 용서하지 않으면 우리
는 하나님이 주시는 풍요로운 삶, 감사와 은혜의 자유로움
을 누릴 수 없다. 용서를 거부하면 우리는 원망과 복수와 자
신에 대한 연민에 사로잡힌 비참한 인생을 살게 된다. 용서

하지 않으면 미움과 보복의 감옥에 갇히게 된다. 지옥은 죽은 다음에 하나님이 던져 넣는 곳이 아니라, 하나님의 은혜를 거부하면서 다른 사람을 절대로 용서할 수 없다고 다짐하는 사람이 선택하여 들어가는 불쌍한 상태다.

(4) 용서는 매우 어려운 문제다. 용서해야 하는 일에는 너무나 다양하고 많은 내용이 담겨 있기에 단순하게 말할 수도 없다. 용서해야 한다는 것은 알아도 실제로 용서하기란 너무나 어렵다. 용서할 수 있는 비법은 없다.

용서하기가 어려운 것은 자신이 얼마나 나쁘고 이기적인지 모르기 때문이다. 우리는 다른 사람에게 상처받은 것은 잘 기억하지만 다른 사람의 마음을 얼마나 아프게 했는지는 의식하지 못할 때가 많다. 우리가 다른 사람에게 직접 해를 끼치지 않았을 수도 있다. 그러나 우리는 자신도 모르게 불의한 구조와 사회관계를 떠받치기도 한다. 우리는 가난한 사람을 무시하기도 하고 환경 오염 등에 가담하고도 있다. 우리는 자신 또한 늘 죄를 짓고 있음을 인식하지 못하고 산다.

주님은 십자가에서 죄인들을 위해 용서를 비는 기도를 드리셨다. "아버지, 저 사람들을 용서하여 주십시오. 저 사람들은 자기네가 무슨 일을 하는지를 알지 못합니다"(눅

23:34, 새번역). 십자가 위에서 죄인들을 위해 용서를 빈 주님의 기도를 생각할 때, 우리는 우리에게 잘못한 사람들 역시 자기가 우리에게 얼마나 깊은 상처를 주었는지 모르고 있다는 사실을 깨닫게 된다.

(5) "우리가 우리에게 잘못한 사람을 용서하여 준 것같이 우리 죄를 용서하여 주시고", 이 기도는 하나님 아버지께 우리 죄를 용서해 달라고 '간청'하는 것이 핵심이다. 하나님 아버지의 자비를 구하는 것이다. 우리를 불쌍히 여기셔서 사죄의 은총을 베풀어 달라고 애원하는 것이다. 우리의 죄가 비록 크지만 하나님께서 자애로운 눈길로 나를 보시고 용서해 달라는 것이다.

우리가 다른 사람을 용서하려면 먼저 하나님의 눈길 앞에 자신을 내놓아야 한다. 그 자비로운 눈길을 통해 나에게 베풀어 주신 사죄의 은총을 경험해야 한다. 그러므로 우리가 다른 사람의 잘못을 용서하려면 예수님을 바라보는 것도 좋지만 나를 보고 계시는 주님의 시선을 발견하는 것이 더 좋은 일이다. 내면을 보시고 용서하시는 따뜻한 주님의 눈길에 사로잡혀 주님의 용서를 깊이 경험하는 것이 먼저다. 하나님의 사죄의 은총을 경험해야 다른 사람을 용서할 수 있다.

청파교회 김기석 목사가 경험한 이야기는 우리가 어떻게 자신이 죄인임을 발견하고 사죄의 은총을 누리며 새롭게 살게 되는지를 잘 보여 준다. 친구 이야기라고 하는데 자신이 직접 겪은 일처럼 생생하게 써놓았다. 젊은 시절 김 목사님은 교회에서 자신이 죽을 수밖에 없는 죄인임을 말하고 다니는 교인들을 미심쩍게 바라보았다. 아니, 싫어했다. 삶이 뒷받침되지 않는 그들의 믿음과 태도가 역겨웠다. 그러던 어느 날, 교회에 자기와 같은 사람이 또 있는 것을 발견했다. 믿음을 앞세우고 아멘을 입에 달고 다니는 사람들을 경멸하는 친구의 대책 없는 정직이 아름다워 보였다. 어느 겨울 파주에 있는 기도원에서 그 친구에게 사건이 일어났다. 그 사건을 그대로 인용한다.

그는 차가운 마룻바닥에 단정하게 꿇어앉아 있었다. 어느 순간부터 그의 기도 소리가 점점 높아지고 있었다. 기억의 골방 깊은 곳에 20여 년 동안 내장되어 있던 기억의 그림자들이 홍수에 떠밀려 온 허섭스레기처럼 마룻바닥에 마구 쏟아져 나왔다. 잊고 싶었고, 애써 외면해 왔던 '그림자'였다.

그는 대책 없이 울었다. 아무도 의식하지 않았다. 그의 기억의 골방에 홍수처럼 다가가 그 모든 그림자들을 몰아낸 것은 '아무도 정죄하지 않는 하나님의 시선'이었다. 그는 찬송가 263장 2절을 반복해서 불렀다. "주님의 권능은 한 없이 크오니 돌 같은 내 마음 곧 녹여 주소서." 그러나 나는 알았다. 그의 마음속에 맺혀 있던 돌들이 이미 녹아 버렸음을.

그는 한사코 외면했던 하나님의 눈길에 사로잡혔고, 정죄하지 않는 그 눈길 앞에서 자신의 죄를 시인했고, "기억하지 않는다"는 용서의 확증을 얻었다. 사죄의 경험은 그에게 들추고 싶지 않았던 과거와의 '악수'로, 고통스럽기 그지없는 현재를 '받아들임'으로, 불확정적인 미래를 기쁘게 '기다림'으로 나타났다. 변화산의 그 밤 이후 그는 아름다운 존재로 살아가고 있다. 한 번 길을 정한 후에 그는 흔들림 없이, 고집스럽게 '그 길'을 걷고 있다. "오 주여, 우리의 죄를 용서하여 주시옵소서."[45]

우리는 하나님께서 우리를 사랑하시듯이 다른 사람을 사랑함으로 하나님을 닮는다. 하나님이 우리를 용서해 주시듯이 우리가 다른 사람을 용서함으로 우리는 하나님을 닮은 자비로운 사람이 된다. 주님은 우리에게 하나님의 은혜를 감사하며 기뻐하며 살라고 말씀하신다. 형제자매를 용서함으로 누리는 탁 트인 자유와 기쁨을 마음껏 누리라고 초대하신다. 우리에게 잘못한 사람을 용서함으로 행복하고 편안해지라고 하신다. 스스로 불쌍한 사람이 되지 않기 위해서, 하나님의 풍성한 은혜를 누리면서 즐겁게 살기 위하여 다른 사람을 용서하고 또 용서하자. 그래서 죄로 물든 세상, 용서를 거부하고 보복을 확대하는 세상에서 죄의 용서가 확대되고 퍼져 나가도록 하자.

8

—

우리를 시험에 빠지지 않게 하시고 악에서 구하소서

시험에 빠지지 않게 하시고

"진실로 우리는 걸인"이라는, 우리가 전승받은 루터의 마지막 말은 틀림없는 말이다. 그러기에 매일 새날을 바라보면서 "우리를 시험에 빠지지 않게 하시고"라고 기도하는 것은 우리에게 아주 적절한 일이다. 왜냐하면 우리 인간의 모든 삶은 매일 한결같이 시험을 받는 삶이고 공격을 당하는 삶이기 때문이다.[46]

'시험'으로 번역된 그리스어 '페이라스모스'(peiras-mos)는 '유혹'이라고 번역할 수도 있고 '시험'이라고 번역할 수도 있다. 영어 성경은 주로 '유혹'으로 번역했지만, 우리 성경은 '시험'으로 번역하고 있다. 이 기도는 우리가 유혹과 시험을 받지 않게 해달라는 것이 아니라 유혹과 시험에 '굴복하지 않게' 해달라는 것이다. J. M. 로호만의 《기도와 정치: 주기도문 강해》에 보면, 루터가 쓴 평신도를 위한 주기도문 강해(1519)에 나오는 내용이 소개되어 있다. 루터는 시험과 유혹이 왼쪽에도 있고 오른쪽에도 있다고 하였다. 시험과 유혹은 우리의 왼쪽 오른쪽 어디에서나 우리를 사로잡으려고 한다.

어려운 상황에 놓인 사람에게는 시험이 왼쪽에서 밀고 들어온다. 질병, 가난, 불명예 그리고 사람을 슬프게 만드는 모든 것이 왼쪽에서 들어오는 시험이다. 그런 시험이 닥치면 우리는 분노한다. 비탄에 놓인다. 그런 시련을 방치하면 시험에 빠진다. 곤경에 처하면 사람들은 근시안적이고 무의미한 반응을 보인다. 하나님의 약속을 신뢰하지 않는다. 그래서 삶이 무너진다.

성공한 사람, 강자의 위치에 있는 사람에게는 유혹이 오른쪽에서 밀려온다. 특권을 가진 자리에 있는 사람에게는 모든 것이 잘되어 가는 듯 보인다. 그때 유혹이 심하게 요동친다. 자신의 의지와 욕망을 관철하려고 한다. 거칠 것이 없다고 생각한다. 그러면 음란, 방탕, 교만 그리고 탐욕과 헛된 영예의 유혹에 빠져 스스로 삶을 망친다. 자신의 힘으로 모든 시험과 유혹을 물리칠 수 있다고 생각하는 것은 시험에 빠지는 지름길이다.[47]

우리가 받는 가장 강력한 유혹은 무엇일까? 재물에 대한 유혹? 성적 쾌락에 대한 유혹? 권력과 인기를 탐하는 유혹? 물론 모두 우리 힘으로 극복하기 힘든 유혹이다. 그런데 알렉산더 슈메만은 이렇게 말한다.

모든 유혹 중에 가장 강력한 유혹은 이 세계에서, 우리 삶에서 우리와 함께하시는 아버지를 보지 못하게 하는 유혹입니다. 그렇기에 우리는 우리를 눈멀게 하는 그 유혹, 우리 눈을 가리는 유혹에서 지켜 달라고, 거룩하신 아버지께서 주시는 생명을 앗아가는 악에 빠지게 우리를 내버려두지 말아 달라고, 악한 매력, 악한 힘을 좇지 않으며, 우리 안에 있는 악을 감추지 않게 해달라고 간구합니다.[48]

(1) "우리를 시험에 빠지지 않게 하소서", 이 간구는 우리 자신이 연약한 존재임을 기억하게 한다. 우리의 삶 자체가 시험이요 유혹이다. 우리 삶은 매일 끊임없이 유혹을 받고 공격을 당한다. 존경받는 목회자, 교수, 명망가들이 유혹

에 빠져 본인은 물론 그를 따르던 사람들을 실족하게 한다. 지위와 명예, 돈에 집착하여 부끄러운 모습을 보이는 사람이 많다. 누구도 자신할 수 없다. 누구나 약한 부분이 있다. 돈, 명예, 육체적 쾌락, 권력, 분노에 쉽게 넘어진다.

그러므로 우리는 이 세상에 침투한 악의 현실에 대해 경각심을 갖고 "우리를 시험에 빠지지 않게 하소서"라고 기도해야 한다. 그리스도인은 이 기도를 드릴 때마다 우리 자신이 얼마나 약한 존재인지 고백하고, 악마가 아니라 하늘 아버지께서 이 세상을 다스리시고 있음을 확신하고 그분께 나아가야 한다.

(2) "우리를 시험에 빠지지 않게 하소서", 이 기도는 우리가 유혹에 빠지지 않게 해달라는 간청이자 그 시험을 잘 통과함으로써 하나님이 기뻐하시는 사람이 되게 해달라는 간구다. 유혹과 시험은 한 사건의 두 가지 면을 표현하는 말이기도 하다. 후스토 곤잘레스는, 사탄은 유혹을 하지만 하나님은 그 유혹에 인간이 어떻게 대응하는지 테스트, 즉 시험을 보게 하신다고 해석한다. 하나님은 사탄의 유혹을, 우리의 믿음을 테스트하고 단련시키는 기회로 삼으신다는 것이다. 그러므로 시험에 빠지지 않게 해달라는 간구는 우리가 유혹에 빠지지 않고 도리어 시험을 통해 우리의 성품이

하나님의 성품을 닮게 해달라는 기도다.

곤잘레스는 이런 예를 들어 설명했다. 한 사업가가 자신이 운영하던 공장을 폐쇄하면 많은 이득을 얻을 수 있었다. 그러나 그 이득을 택하여 공장을 폐쇄하면 종업원 수백 명이 실직자가 되고 그 가족들까지 곤경에 처하는 것을 모른 척해야 했다. 그 사업가는 종업원의 아픔을 외면하고 자기 이득을 극대화하려는 유혹을 받았다. 하지만 그는 적은 수익을 얻더라도 공장을 계속 유지하기로 결정한다. 그 사업가는 일용할 양식을 구하는 기도를 드렸을 뿐 아니라 그 기도의 가르침을 따라 살아간 것이다. 그는 하나님의 성품을 닮은 자비로운 사람이 된 것을 입증하여 하나님을 기쁘게 해드린 사람이 되었다.

이렇게 보면 "우리를 시험에 빠지지 않게 하소서"라는 기도는 우리가 유혹에 빠져 실패하지 않고 우리의 믿음이 얼마나 든든한지 보여 줌으로써 시험에 통과될 수 있게 해달라는 간구이기도 하다.

악에서 구하소서

이 기도에서 '악에서'라고 번역된 그리스어 '투 포네루'

(*tou ponnerou*)는 '악한 자에게서'라고 번역할 수도 있다. 그러므로 이 기도는 악에서, 즉 악한 상황과 처지에서 구해 달라는 뜻도 있지만 '악한 자', 즉 사탄, 악마의 손아귀에 잡히지 않도록 구해 달라는 뜻도 있다. 그러므로 "악에서 구하소서"라는 기도는 다음 두 가지 의미로 해석할 수 있다.

첫째 해석에 따르면, 이 간구는 모든 악한 사건과 여건에서 구해 달라는 뜻이다. 모욕, 악한 성품과 사건, 질병, 악의에서 보호해 주시기를 간구하는 것이다. 아우구스티누스와 서방교회 신학자들은 대체로 이런 의미를 지지했다. 악에서 구해 달라는 기도는 죄와 죄로 인한 파괴적인 결과에서 구해 달라는 뜻으로 이해된다.

둘째 해석에 따르면, 악이란 그냥 사건이나 현상이 아니라 악한 자, 악마로 보아야 한다고 주장한다. 교부 오리게네스와 동방정교회 신학자들은 대체로 인간을 하나님으로부터 멀어지게 하고 노예화하려는 악한 세력의 힘에서 구출해 달라는 뜻으로 이해하였다.

2002년 월드컵 대회부터 '붉은 악마'라는 표현이 거침없이 쓰인다. 사람들은 악마를 웃음거리로 삼고 악마를 더 이상 무서워하지 않는다. 붉은 악마는 우리를 사로잡는 악마가 없다는 인식을 심어 주고 있다. 사람들은 우리를 사로잡아 우리를 불행하게 만들고 인생을 망치려는 악마의 힘을 무시한다. '붉은 악마'라는 표현을 쓰는 것이 문제가 아니라, 인간의 삶을 파괴하고 망치는 영적 세력이 존재한다는 사실을 부인하게 만드는 것이 문제다.

악은 우리가 저지르는 어떤 나쁜 일이 아니라, 우리를 속박하는 어떤 힘, 우리가 반드시 벗어나야 하는 어떤 일이다. 악 혹은 악마는 우리의 인격을 해치거나 파괴하려 드는 힘이다. 우리는 이 악을 우리의 내면에서 맞닥뜨린다. 영적 힘을 가지고 있는 악한 영은 온갖 이상주의와 그럴듯한 말로 사람을 유혹한다. 예수님은 하나님을 대적하고 인간을 노예로 삼고 하나님의 뜻을 방해하는 영적 세력이 있다고 가르치셨다.

(1) "악에서 구하소서"라는 간구에는 고통과 나쁜 일을 겪지 않게 해달라는 기도가 담겨 있다. 우리는 본능적으로 모든 불행한 일과 어려움에서 구해 달라고 기도한다. 하나님은 우리의 기도를 들으시고 모든 위험과 환난에서 우리를 건져 주신다. 그러나 이 간구는 사탄, 악마의 권세에 굴복하지 않게 해달라는 요청이기도 하다. 악은 거대하고 우주적이고 조직적이고 교묘하고 광범위하고 실재하는 존재다. 우리는 이 기도를 드리면서 삶의 모든 상황 속에서 악마의 공격을 막아 내기 위하여 하나님을 찾는다.

우리의 상상력은 이 세상의 풍조에 의하여 영향을 받고 있다. 우리는 미디어가 제공하는 이미지들을 통하지 않고는 세상에 대하여 스스로 사고할 수 있는 능력을 점점 상실하고 있다. 광고와 영화, TV 화면이 보여 주는 다양한 이야기는 하나님 없는 세상의 즐거움을 들려준다. 유혹에 빠지는 것이 얼마나 신나고 재미있는 삶인지 설득한다.

이런 세상에서 우리는 어떻게 악한 영에 대응해야 할까? 악한 생각은 대개 우리의 상상력을 통해 침입한다. 그러므로 우리의 상상력을 정화하기 위해 우리는 따로 물러나 주님의 말씀에 귀를 기울이고 예배를 통해 우리 생각을 바로잡아야 한다. 성령의 감화 가운데 있어야 한다.

이상적인 좋은 주장이 악마에 의해서 왜곡되는 경우도 많다. 예수님은 차별이 없는 세상을 강조하셨다. 그러므로 차별을 금지하는 법을 아무 생각 없이 반대하는 것은 시대정신이나 예수님의 가르침에 어긋나는 행위다. 그러나 악마의 세력은 온갖 아름다운 표어, 이상적인 주장을 통해서 사람을 유혹으로 이끌어 간다는 점을 기억해야 한다. 민족에 대한 사랑, 차별 없는 세상 등과 같은 좋은 주장과 가르침 속에서도 악마의 유혹을 감지할 수 있어야 한다. 그 자체로 보면 훌륭한 일일지라도 우리와 하나님 아버지 사이를 가로막는 방해 거리는 아닌지 살펴야 한다. 그러므로 그리스도인으로 살기 위해서는 순결한 믿음과 함께 정교한 지식과 분별력이 필요하다.

(2) "우리를 악에서 구하소서", 이 기도는 나의 힘만으로는 악에 저항할 수 없다는 고백이다. 우리 스스로 악의 권세에서 벗어날 능력이 없다고 인정하는 것이다. 그러므로 우리는 이 기도를 드릴 때마다 하나님을 바라본다. 하나님의 간섭을 요청한다. 이 기도를 드림으로 우리는 나 자신이 운명의 지배자가 아니며, 이 세상에는 저항해야 할 악한 세력이 있음을 인식하게 된다. 또한 이 기도를 드림으로 우리는 이 세상 권세보다 더 큰 권세인 하나님의 자녀됨을 고백하게 된다. 그리스도인이란 우리가 무시무시한 영적 싸움터에 있기 때문에 기도할 수밖에 없음을 인정하는 사람이다.

우리는 영적 싸움터에서 하나님을 대항하는 어느 대적보다 하나님이 더 큰 존재임을 인정한다. 악은 위협적인 세력이지만 패배한 권세다. 우리는 이 전쟁의 승자가 누구인지 이미 알고 있다. 우리를 그리스도 예수 안에 있는 하나님의 사랑에서 떼어놓을 수 있는 것은 없다. 우리가 하나님 아버지의 손을 붙들고 있는 한 그 무엇도 우리와 하나님의 결속을 깨뜨릴 수 없다. '악한 자'가 아무리 강해도 우리는 하나님의 다스림 아래 있다는 사실을 기억하며 하나님께 기도해야 한다.

(3) "우리를 악에서 구하소서", 이 기도는 나를 포함하여 믿음 안에서 형제자매인 신자들, 그리고 창조 세계 전체를 포괄한다. 이 기도를 드림으로 우리는 하나님의 개입을 요청한다. 나 자신에게 있는 힘보다 더 큰 힘을 얻는 길은 '교회 안'에 있는 것이다. 교회는 우리에게 악한 권세에서 벗어날 수 있게 하는 힘을 준다. 교회의 사명은 사람들을 십자가 아래로 이끄는 것이다. 교회는 사람들이 예수 그리스도와 인격 대 인격으로 만나 생명의 연합을 이룰 수 있게 돕는다. 그러므로 우리가 사명을 잘 감당하는 공동체(교회)에 들어가면 더 안전할 수 있다. 교회 안에서 드리는 이 기도, "우리를 악에서 구하소서"라는 기도는 반드시 응답받는다. 누구나 흔들리며 살지만 뿌리째 뽑히면 안 된다.

우리는 우주적 전쟁의 한복판에 던져져 있음을 인식하고 하나님께 나아간다. 그리스도 안에서 구원이란 하나님의 부르심에 응답하여 나선 여정을 시작하는 것이다. 우리의 여정은 우주의 거대한 드라마에 참여하고 있음을 깨닫는 데서부터 시작된다. 구원받았다는 말은 내가 하나님이 새롭게 탈환하신 영토가 되었다는 의미이기도 하다.

그러나 안심하면 안 된다. 교회의 일원이라고 방심하

면 안 된다. 사도 바울은 옛날 이스라엘 백성이 어떻게 시험에 빠지고 무너졌는지 진술한 다음, 우리에게 이렇게 경고하였다. "그러므로 서 있다고 생각하는 사람은 넘어지지 않도록 조심하십시오"(고전 10:12, 새번역). "시험에 빠지지 않게 하시고 악에서 구하소서"라는 기도는 우리의 삶 가운데 유혹과 시험이 밀어닥칠 때 하나님의 도움이 계속해서, 거듭해서 필요하다는 사실을 일깨운다.

어떻게 하면 악을 극복할 수 있을까? 알렉산더 슈메만은 악을 극복하는 힘이 믿음과 소망과 사랑에 있다고 한다.

악의 기원은 그분을 향한 반역, 그분에게서 이탈하는 것, 충만한 삶을 깨는 것에 있습니다. 이것이 그리스도교가 악을 보는 관점입니다. 그리고 거룩하신 아버지께서는 악을 해명하시기보다 악에 저항하고 악을 극복할 힘을 주십니다. 다시 강조하지만, 악에 대한 승리는 악을 이해하고 해명하는 능력이 아니라 충만한 믿음, 온전한 소망, 완전한 사랑의 힘에서 나옵니다. 시험과 유혹을 극복하는 무기는 믿음과 소망과 사랑이며 유혹에 대한 바른 응답도 이것입니다. 우리는 그렇게 유혹을, 악을 이기고 승리합니다.[49]

최후의 절규

"악에서 구하소서", 이 기도는 주기도문 끝에 나오는 간구다. 그래서 J. M. 로호만은 이 간구에 "최후의 절규"라는 제목을 붙여 놓았다. 그는 이 간구가 우주 전체의 현실을 포괄한다고 하면서 루터가 한 말을 인용한다.

> 항상 깨어서, 우리는 최전선에서 악이 제거되기를 간구한다. 이를테면 갈등, 궁핍, 전쟁, 질병 그리고 여러 고민이 제거되기를 간구해야 한다. 나아가서 지옥과 연옥이 제거되고, 영육 간의 온갖 형벌이 없어지기를 간구해야 한다. 참으로 우리는 이상의 여러 문제를 순서에 따라, 그러나 마지막까지 기도하지 않으면 안 된다.[50]

먼저 구해야 할 간구

루터는 '최후의 절규'가 기도 전체를 지배하게 해서는 안 된다고 하였다. 루터의 말은 우리의 기도를 돌아보게 한다. 우리 기도는 우리를 모든 악에서 구해 달라는 간구가 대부분을 차지한다. 이런저런 고통과 어려움을 호소하며 그런 모든 악에서 구해 달라고 절규한다. 그렇게 할지라도 우리는 먼저 구해야 할 것이 무엇인지 기억해야 한다. 우리를 악에서 구해 주실 분이 하나님이심을 기억해야 한다.

우리는 주님께서 가르쳐 주신 주기도문을 통해서 기도하는 법을 배우고 있다. 중요한 것은 주기도문은 분리할 수 없는 하나의 기도라는 사실이다. 악에서 구해 달라는 기도 맨 앞에 "아버지의 이름을 거룩하게 하시며"라는 기도가 있음을 기억해야 한다. 우리는 어려운 처지에 놓였을 때 먼저 하나님을 주목해야 한다. 우리가 먼저 간구해야 할 것은 하나님 아버지의 이름을 높이고, 아버지의 뜻을 행하는 것이다.

9

—

나라와 권능과 영광이
영원히 아버지의 것입니다 아멘

우리는 기도를 어떻게 마쳐야 할까? 주기도문은 어떻게 마치고 있나? 주기도문의 종결 부분은 주님이 직접 가르쳐 주신 내용이라기보다 초대교회에서 삽입한 내용이라고 본다. 즉 복음서 원래의 본문에 덧붙여진 일종의 보충 본문으로 보고 있다. 그래서 마태복음 6장 13절을 보면, 그 부분을 괄호 안에 묶고 "고대 사본에는 없음"이라고 기록해 놓았다. 주기도문을 전하는 고대 문서 가운데는 이 부분이 있는 것도 있고 없는 것도 있다.

그렇지만 이 송영 부분(종결 부분)은 성경의 정신을 내뿜고 있다. 구약의 위대한 기도도 영광송으로 끝난다. 유대교 전통에 따르면, 송영은 회중의 기도에 대한 응답으로 제사장이 올리는 기도다.

주님, 위대함과 능력과 영광과 승리와 존귀가 모두 주님의 것입니다. 하늘과 땅에 있는 모든 것이 다 주님의 것입니다. 그리고 이 나라도 주님의 것입니다. 주님께서는 만물의 머리 되신 분으로 높임을 받아 주십시오!(대상 29:11, 새번역).

추론하자면, 2세기 혹은 3세기 고대 교회에서 예배를 드릴 때 주기도문을 암송하는 전통이 자리를 잡았고, 회중이 한목소리로 주기도를 올리면 감독이나 장로가 제사장의 역할을 맡아 송영 부분으로 응답했을 것이다. 그것이 전통으로 굳어지자 어떤 필사자가 그 부분을 마태복음 본문에 적어 넣었을 것이다.

그래서 미국이나 유럽의 여러 교회에서는 송영 부분을 생략한 채 주기도문을 외운다. 그러나 요아킴 예레미아스는 이렇게 해석했다. "예수님은 주기도에서 송영을 말씀하지 않았지만, 송영을 드리는 것에 대해서는 찬성하셨음이 분명하다." 예수님은 주기도문 앞부분에서 하나님을 높이는 기도를 가르치셨다. 따라서 주기도를 하나님을 높이는 송영으로 마치는 것을 예수님도 기뻐하실 것이다.

　이전 주기도문에는 '대개'라는 말이 있었는데, 새로 번역한 주기도문에서는 이 단어가 빠졌다. 그리스어 원문에서 송영 부분은 '호티'(*hoti*)라는 말로 시작된다. 호티는 '왜냐하면'이라는 뜻으로도 쓰이며 아무 뜻 없이 문장 부호처럼 쓰이기도 한다. 예를 들어, '이제'라는 단어를 상투적으로 넣어 말하는 사람이 있는데, 이럴 때는 굳이 번역하지 않아도 되는 것처럼 말이다. 영어 번역에서는 '호티'를 'for'라는 접속사로 번역하기도 하지만, 다른 나라에서는 대체로 생략하는 편이다. 우리나라도 처음에 '호티'를 '대개'라는 말로 번역했다가 지금은 뺐다. 그런데 '대개'는 '大槪' 즉 '일반적으로, 대충, 대강'이라는 뜻이 아니라, '大蓋'(큰 대, 덮을 개) 즉 '일의 큰 원칙으로 말하건대'라는 뜻이다. (이 부분에 대해서는 김영봉, 《가장 위험한 기도, 주기도》, 197-199쪽을 읽어 보기를 권한다.)

　주기도문에서 우리를 위한 기도는 먹는 문제, 내면의 죄책 문제, 인생살이의 시험과 죄악의 문제에 대한 애타는 간구로 이어졌다. 그러다가 갑자기 웅장한 대합창과 교향곡과 같은 영광송, "나라와 권능과 영광이 영원히 아버지의 것입니다!"가 나온다.

(1) 영광송은 주기도문 전체의 토대로, 우리가 기도할
수 있는 근거가 어디에 있는지 보여 준다. 우리가 기도할 수
있는 것은 하나님의 나라와 권능과 영광이 영원하다고 믿
기 때문이다. 칼뱅은 그 점을 이렇게 말했다.

우리가 우리 자신의 가치를 근거로 하나님께 기도를 드려
야 한다면, 과연 하나님의 임재 앞에서 감히 어떻게 입을
뗄 수나 있겠는가? 그런데 우리가 아무리 비참하며, 아무
리 무가치한 상태에 있으며, 내세울 만한 것이 아무것도
없다 할지라도, 우리에게는 그 어느 때에나 기도할 이유
가 있으며, 응답의 확신이 있는 것이다. 왜냐하면 우리의
아버지께서 그의 나라와 권세와 영광을 언제나 보유하고
계시기 때문이다.[51]

영광송은 우리가 기도를 드릴 수 있는 근거와 희망이
우리 자신에게 있는 것이 아니라 하나님의 능력과 신실함
에 있음을 선언한다. 인종 갈등, 남북한의 긴장, 부정부패,
개인적인 갖가지 문제에도 불구하고 주기도문으로 기도하
는 사람에게는 '꺾일 수 없는 희망'이 있으니, 그것은 나라
와 권능과 영광이 우리 아버지 하나님께 있기 때문이다. 영
광송은 확신 없이 기도하는 우리를 자유롭게 하고 용기를

주는 말이다. 영광송은 주기도문의 모든 간구가 '나라와 권능과 영광이 영원히 하나님의 것'이라는 사실에 근거함을 보여 준다.

(2) 영광송은 우리의 기도와 찬양과 삶에는 '심미적 차원'이 포함되어 있음을 확인해 준다. 사람의 제일 되는 목적은 하나님을 영화롭게 하고 그분을 영원토록 즐거워하는 것이다. 심미적 범주, 찬양과 감사와 신뢰의 기쁨 없이는 그리스도의 뒤를 따르는 것과 그분에 대한 새로운 복종은 불행하고 율법적인 노역이 된다. 교회는 왜 교리(진眞)와 윤리(선善)를 중심으로 하나님에 대하여 가르쳤을까? 하나님의 아름다움을 발견하고 경탄하고 감동하면 신앙생활이 얼마나 활기가 넘칠까? 우리는 아름다움을 회복해야 한다.

(3) 영광송은 하나님을 향하여, 미래를 향하여 우리를 열어 놓는다. 생존경쟁, 강박관념, 의롭다고 인정받으려는 업적지향주의는 우리 시대가 빠져 있는 유혹이다. 하나님의 영광을 어둡게 할 때, 초월성을 상실할 때, 우리 인간은 내면성의 감옥에 갇힐 뿐이다. 스스로 만든 걱정의 노예가 될 따름이다. 그러나 하나님의 영광의 증언자이신 예수님은 그러한 걱정의 갈등에서 우리를 구출해 내신다.

(4) 영광송은 하나님이 보내신 왕(메시아), 예수님이 오신 정치적 의미를 이해하도록 우리를 훈련한다. 톰 라이트는 우리가 이 기도를 드렸다면 권력자들의 권능과 그들이 추구하는 영광에 무조건 동의해서는 안 된다고 했다. 한 왕과 그의 나라에 대한 충성 서약은 다른 왕과 다른 나라에 대한 충성과 양립할 수 없다. 미국, 중국, 러시아, 일본, 한국도 각기 자기 나라의 위상을 높이려고 하고 권세와 영광을 추구한다. 힘 있는 나라는 패권을 추구하여 다른 나라를 위협한다. 그러나 주기도문의 영광송은 우리가 하나님의 나라, 하나님의 권세, 하나님의 영광을 높이고 추구하며 살고 있음을 확인시켜 준다.

(5) 하나님의 영광을 찬양하는 곳에 참된 삶이 있다. 구약학자 클라우스 베스터만은 "찬양이 없이는 진정한 삶이 존재할 수 없다"고 하였다. 찬양은 삶에 있어도 좋고 없어도 좋은 것이 아니다. 하나님이 찬양을 받으시는 곳에 참된 삶이 존재한다. 모든 인간의 소명은 하나님께 영광과 존귀를 돌리기 위해서 하나님의 성령으로 거룩하게 되며, 점점 더 그리스도를 닮아 가는 데 있다. 그러므로 우리의 모든 기도와 삶은 하나님의 영광을 찬양하는 것으로 마치는 것이 당연하다. 세계교회협의회 신앙과 직제 위원회는 그리스도

인의 삶의 뿌리에는 영광송이 자리한다고 하였다.

> 영광송은 기도와 찬양의 언어일 뿐 아니라, 믿음의 사람
> 들이 살아 계신 하나님께 드리는 사유와 느낌과 행위와
> 희망의 모든 형식이다. 그러므로 영광송의 고백은 기본적
> 으로 정의(定義)나 묘사가 아니다. 영광송의 고백은 수행
> 과 호응을 일으키는 고백이며 살아 계신 하나님 자신의
> 실재 속으로 안내하는 사유와 말과 행위의 고백이다.[52]

(6) 주기도문은 '나라'와 '권능'과 '영광'이라는 세 단어
가 하나로 겹쳐서 하나님을 향한 최종적 찬양의 외침을 이
루며 끝이 난다.

① **나라가 아버지의 것이다.** 이 말은 하나님이 세상의 모
든 것을 다스리시는 주님이라는 것이다. 하나님만이 우리
삶의 주권자라는 뜻이다. 온 창조 세계와 인간 세계와 다가
올 나라가 다 하나님의 통치 아래 있다. 하나님의 다스림은
공간적으로 시간적으로 무한하고 영원하다(대상 29:11-14).

② **권능이 아버지에게 있다.** 하나님께만 생명의 능력, 변
화의 능력이 있다는 뜻이다. 이 세상에도 권세가 있다. 그러
나 권력을 악용하고 남용하는 것이 문제다. 사탄이 예수님
에게 제안한 것은 경제적 권력, 영적인 권력, 정치적인 권력

이었다. 그러나 예수님은 사탄의 손에서 오는 권세를 거부하셨다. 권세를 하나님과 무관하게 행사할 수 있는 자율적이고 독립적인 것으로 여기는 순간, 그것은 곧 사탄을 숭배하는 행위가 된다. 예수님의 삶은 우리에게 나라와 권능과 영광의 의미가 무엇인지를 다시 정의하여 준다. 하나님의 권능은 사람을 해방하고 살리는 힘이다. 하나님의 능력은 죄 있는 인간을 용서하고 죽을 인간을 다시 살리시는 능력이다. 예수님은 권능을 다른 사람을 섬기는 모습으로 보여 주셨다.

③ **영광이 아버지에게 있다.** 영광은 한마디로 거룩한 아름다움이다. 그런데 솔직히 말해 우리는 누구나 영광을 얻고 싶어 한다. 우리는 빛나는 순간, 다른 사람보다 높아져서 성공과 성취의 빛을 발하는 그런 순간을 고대한다. 그러나 주기도문에서는 영광을 '하나님께' 돌린다. 그리스도인은 주기도문으로 기도하면서 하나님만이 예배와 경배를 받으실 수 있는 분임을 고백한다. "우리 주 하나님이여, 영광과 존귀와 권능을 받으시는 것이 합당하오니 주께서 만물을 지으신지라. 만물이 주의 뜻대로 있었고 또 지으심을 받았나이다"(계 4:11).

주기도문은 찬송에서 시작하여 영광송으로 맺는다. 이

점을 지적하면서 헬무트 틸리케는 '영광송'에 담긴 의미를 아름답게 표현했다.

> 주기도문은 '하늘에 계신' 아버지를 찬송하면서 그분을 부르는 소리로 시작하고, 그 나라와 그 권세와 그 영광을 소유하신 아버지를 찬송하는 것으로 끝맺습니다. 결국 우리가 간구하며 우리가 탄원하는 모든 것이 하나님께 올리는 찬송 가운데 들어 있고 찬송에 둘러싸여 있습니다. 이 찬송의 공간 속으로 들어가는 사람만이 그 간구를 올바로 익힐 수 있습니다. 그 공간 속으로 들어갈 때에, 찰나의 일에 눌려 그 순간의 다급한 일만 생각하는 기도를 더 이상 하지 않게 되기 때문입니다. 그 찬송의 공간 속으로 들어갈 때에, 비로소 영원의 빛 속에서 기도하게 됩니다. 비로소 하나님이 이끌어 가시는 그 길의 마지막 지점에서 기도하게 됩니다.[53]

아멘

주기도문은 '아멘'으로 마친다. 히브리어 '아멘'은 우리 성경에서 '진실로' 혹은 '진정으로'라고 번역하기도 하지만,

대체로 '아멘'이라는 단어를 그대로 쓰고 있다.

우리가 기도를 마치면서 '아멘'이라고 할 때 그 의미는, '진실로 그렇습니다', '그렇게 되게 하소서', '그렇게 될 것입니다'라는 뜻을 담고 있다. 아멘은 동의와 소망을 뜻할 뿐 아니라 다짐을 뜻하기도 한다.

주기도문을 '아멘'으로 마침으로써 우리는 우리의 기도를 들으시는 하나님 아버지께서 나라와 권능과 영광을 영원히 지니신 분임을 확인하고 하나님에 대한 흔들림 없는 소망을 표현한다. 우리가 드린 기도가 이루어지기를 바라는 우리의 마음을 표현하는 것이다. 또한 우리가 기도한 대로 헌신할 것을 다짐하는 뜻도 있다.

후스토 곤잘레스는 주기도문을 '아멘'으로 마침은 진심으로 간구한다는 뜻과 함께 우리의 다짐을 고백하는 것이라고 했다. 그의 말은 그리스도인이 주기도문으로 기도할 때 어떤 마음으로 해야 하는지를 잘 표현하고 있기에 약간의 수정을 거쳐 소개한다.

우리는 "아버지의 이름을 거룩하게 하시며"라고 말했다. 그럼으로써 하나님을 거룩하게 하고 영화롭게 하는 방식으로 행동하겠다고 다짐했다.

우리는 "아버지의 나라가 오게 하시며"라고 말했다. 그럼으로써 하나님 나라의 가치에 따라 살겠다고 다짐했다.

우리는 "아버지의 뜻이 하늘에서와 같이 땅에서도 이루어지게 하소서"라고 말했다. 그럼으로써 우리의 뜻보다 하나님의 뜻을 앞세우겠다고 다짐했다.

우리는 "오늘 우리에게 일용할 양식을 주시고"라고 말했다. 그럼으로써 우리의 생계를 위해 하나님을 믿고 의지하겠다고 하고, 다른 사람의 생계 수단을 빼앗지 않겠다고 다짐했다.

우리는 "우리가 우리에게 잘못한 사람을 용서하여 준 것 같이 우리 죄를 용서하여 주시고"라고 말했다. 그럼으로써 우리의 원수 및 우리에게 잘못을 저지른 사람들을 용서하겠다고 다짐했다.

우리는 "우리를 시험에 빠지지 않게 하시고"라고 말했다. 그럼으로써 우리의 연약함을 고백했고 하나님의 도움으로 유혹에 저항하겠다고 다짐했다.

우리는 "악에서 구하소서"라고 말했다. 그럼으로써 하나님 자녀의 영광스러운 자유에 따라 살겠다고 다짐했다.

이제 우리는 단호히 "아멘" 함으로써 지금까지 말한 모든 것을 재확인하는데, 이는 '그렇게 되게 하소서'라는 의미일 뿐 아니라 '그러므로 그러합니다', 하나님의 도움으로 '그렇게 될 것입니다'라는 뜻이기도 하다.

그래서 우리는 살아가는 동안 날마다 기뻐하며 주기도문을 드리고 '아멘! 그렇게 되게 하소서!', '그렇습니다', '그렇게 될 것입니다'라고 기도한다. "아멘"이라고 말함으로써 우리는 희망하고 확신하고 다짐한다.[54]

2부

—

사도신경으로
배우는 신학

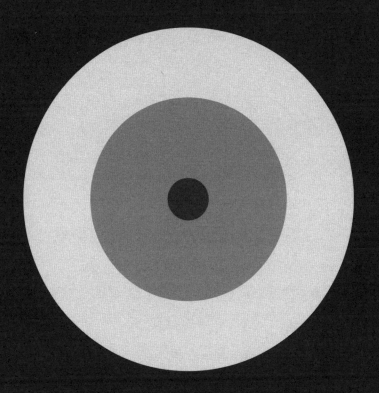

사도신경

나는 전능하신 아버지 하나님, 천지의 창조주를 믿습니다.
나는 그의 유일하신 아들, 우리 주 예수 그리스도를 믿습니다.
　　그는 성령으로 잉태되어 동정녀 마리아에게서 나시고,
　　본디오 빌라도에게 고난을 받아 십자가에 못 박혀 죽으시고,
　　장사된 지 사흘 만에 죽은 자 가운데서 다시 살아나셨으며,
　　하늘에 오르시어 전능하신 아버지 하나님 우편에 앉아 계시다가,
　　거기로부터 살아 있는 자와 죽은 자를 심판하러 오십니다.
나는 성령을 믿으며, 거룩한 공교회와 성도의 교제와
　　죄를 용서받는 것과 몸의 부활과 영생을 믿습니다.
아멘.

The Apostles' Creed

I believe in God, the Father almighty,

    creator of heaven and earth.

I believe in Jesus Christ, his only Son, our Lord.

    He was conceived by the power of the Holy Spirit

    and born of the virgin Mary.

    He suffered under Pontius Pilate,

    was crucified, died, and was buried.

    He descended to the dead.

    On the third day he rose again.

    He ascended into heaven,

    and is seated at the right hand of the Father.

    He will come again to judge the living and the dead.

I believe in the Holy Spirit,

    the holy catholic Church,

    the communion of the saints,

    the forgiveness of sins,

    the resurrection of the body,

    and the life everlasting.

Amen.

1

—

신학과 사도신경

신학이란 무엇일까? 학자마다 신학에 대한 설명은 제각각이다. 폴 틸리히는 신학을 "기독교 신앙의 내용에 대한 방법론적 해명"이라고 했다. 무슨 말인지 어렵다. 칼 바르트는 조금 쉽게 말했다. "신학이란 말은 하나의 특수한(대단히 특수한) 학문으로서 '하나님'을 인지하고 하나님을 이해하며, 하나님을 언어로 표현하는 것이다."[1] 어찌 되었든 신학이라고 하면, 뭔가 있어 보이고 학문적인 것 같다. 흔히 사람들은 신학을 신학자들의 전유물인 것처럼 생각한다. 그렇지 않다. 신학을 풀어서 표현하면 '하나님 공부'다. 그러므로 신학이 신학자의 전유물이 되어서는 안 된다.

신자가 신자 노릇을 하려면 하나님을 공부해야 한다. 하나님을 제대로 잘 믿고 사랑하려면 하나님을 제대로 알아야 한다. 하나님을 사랑하기 위해서는 하나님을 공부해야 한다. 남녀 관계를 생각해 보라. 첫눈에 사랑에 빠진 사람의 사랑은 그리 믿을 것이 못 된다. 그 사랑이 견고하고 신실한 관계로 발전하려면 상대방에 대해 제대로 알아야 한다. 잘 알아서 신뢰할 수 있게 되어야 한다. 마찬가지로 하나님을 믿고 사랑하게 되려면 하나님을 공부하고 하나님을 더 깊이 알아야 한다.

신학은 하나님이 어떤 분인지, 하나님이 하신 일이 무엇인지, 하나님과 우리는 어떤 관계인지, 하나님이 얼마나 우리를 사랑하시는지, 하나님 안에서 우리의 운명이 어떻게 되는지 공부하는 것이다. 하나님을 공부하려면 성경을 읽어야 한다. 그런데 성경은 매우 다양한 자료가 섞여 있고, 다양한 방식으로 그 내용이 전개되기 때문에 누군가 정리를 해주어야 한다. 설교 말씀을 듣고 하나님에 대해 이런저런 지식을 얻게 되지만 그 하나님 지식을 좀 더 체계적으로 설명해 주면 크게 도움이 된다. 신학이 바로 그런 일을 한다. 그런데 신학을 공부하는 데 도움을 주는 지침서가 있다. 바로 사도신경이다!

사도신경은 우리가 믿어야 할 교리가 무엇인지 압축해

놓았다. 사도신경은 잘 정리된 신학을 담아내고 있다. 그래서 예로부터 신학자들은 사도신경을 기초로 하나님에 대해 가르쳤다. 칼뱅이 그랬고, 바르트가 그랬다. 바르트는 1946년에 사도신경을 따라가며 신학을 강의했는데, 그 내용을 책으로 펼쳐낸 것이 《교의학 개요》다. 사도신경은 신학, 즉 하나님을 공부하기 위한 매우 좋은 지침서다.

교회와 사도신경

주일마다 수많은 교회가 사도신경으로 자신의 신앙을 고백한다. 그런데 예배 순서를 따라가다 보면 사도신경을 암송하면서도 그 안에 담긴 뜻을 놓칠 때가 많다. 주기도문이 주문이 아니듯이 사도신경도 주문이 아니다. 사도신경은 '아멘'으로 끝나지만 기도가 아니라 신앙 '고백'이다.

① 사도신경은 그리스도인이 믿어야 할 바를 압축한 고대 교회의 신앙고백이다.

② 사도신경은 하나님의 백성으로, 교회의 일원으로 고백하는 오늘의 신앙고백이다.

③ 사도신경은 예수 그리스도를 통해 계시된 삼위일체 하나님의 존재와 활동에 나의 삶을 걸겠다는 공동체적 고

백이다.

그리스도인이 된다는 것은 하나님의 은혜로 믿음을 통해 교회라고 하는 신앙공동체에 속한 사람이 되는 것이다. 우리는 그리스도를 믿고 그리스도와 연합함으로써 그분의 몸인 '거룩한 공교회'의 일부가 되었다. 우리는 교회가 됨으로써 삼위 하나님과 새로운 관계에 들어가게 되고, 하나님이 원하시는 삶을 지향하며 살아가게 된다.

> "나는 믿습니다"(*credo*)라고 고백하는 것은 내가 나보다 더 크고 위대한 분에 접붙여지는 것을 의미하며, 하나님의 은혜에 모든 것을 걸고 신앙의 모험을 떠나는 순례단에 합류하겠다는 선언이다.[2]

그렇다. 그리스도인은 하나님의 구원 이야기에 들어선 사람들이다. 그리스도인은 하나님의 백성과 함께 순례의 길에 들어선 사람이다. 사도신경은 순례길에 들어선 사람들의 믿음, 소망, 사랑에서 우러나오는 신앙의 고백이다.

사도신경을 고백하는 주체는 '나'다. 그래서 "나는 믿습니다"라고 고백한다. 하지만 나는 하나님의 백성인 교회의 일원으로서 믿음을 고백한다. 나는 구원의 이야기에 들어선 사람들과 함께 믿음을 고백한다. 그러므로 '나'의 고백은 다른 사람과 공유하는 '우리'의 고백이기도 하다.

사도신경의 형성과 목적

사도신경의 형성

사도신경은 사도들이 모여서 만든 신조가 아니다. 사도신경은 주후 2세기에서 3세기에 사용된 〈로마 신조〉가 세월의 흐름과 함께 지금의 내용으로 정착된 것이다. 원래 〈로마 신조〉는 세례 의식에서 사용되었는데, 세례를 받는 사람에게 "당신은 전능하신 하나님 아버지를 믿습니까?" "당신은 우리의 구세주이신 예수 그리스도를 믿습니까?" "당신은 성령과 교회와 사죄를 믿습니까?" 이렇게 세 번 질문을 하면 그때마다 "내가 믿습니다"(credo)라고 대답해야 했다. 그렇게 세 번을 고백한 후에 물에 들어가 세례를 받았다. 세례 때 사용된 이 신앙고백은 4세기에 접어들면서 예배 때 사용할 수 있도록 문장 형식으로 변천하여 9세기에는 로마 교회에서 확실하게 받아들여졌다.[3]

사도신경은 사도들이 처음 작성한 것은 아니지만 사도들이 전해 준 메시지를 총괄적으로 적절하게 드러내고 있다는 점에서 사도적이다. 그리고 성경에 근거를 두고 있다는 점에서 오늘날에도 그 가치를 잃지 않는다. 물론 사도신경에는 약점과 한계도 있다. 예를 들어, 사도신경은 예수님의 공적 활동이나 가르침을 담고 있지 않다. 고대의 세계관을 배경으로 형성되었기 때문에 현대인의 경험과 언어를 제대로 반영하고 있지 않다.

사도신경의 목적

사도신경은 원래 다양한 목적으로 사용되었다. 세례를 줄 때 믿음을 확증하기 위해, 기독교 지도자의 정통적 신앙을 확인하기 위해, 그리고 예배를 드릴 때 찬미의 용도로도 사용되었다. 그러나 오늘 우리에게 사도신경은 다음과 같은 목적으로 사용되고 있다.[4]

① 사도신경은 기독교 신앙을 간결하게 요약한다. 사도신경이 각 사람의 인격적인 신앙을 대체할 수는 없다. 사도신경은 우리가 믿는 신앙의 주된 내용을 적절하게 요약해 주는 역할을 한다. 처음 교회를 다니는 사람은 사도신경을 읽으면서 기독교에는 자기가 생각하는 것보다 믿고 알아야 할 내용이 많다는 것을 깨닫게 된다.

② 사도신경은 부적절한 형태의 기독교, 이단적인 유사 기독교를 분별하고 피할 수 있도록 도와준다. 사도신경

은 기독교 신앙에 대해 성경적인 바탕과 균형 잡힌 이해를 갖추게 한다. 어떤 개신교인은 개인주의적인 신앙, 나만 잘 믿으면 된다는 생각 때문에 교회의 중요성을 무시한다. 그러나 사도신경에서 교회에 대한 믿음을 확증하는 부분은 신앙의 공동체적 차원을 일깨워 줌으로써 편향된 개인주의적 신앙을 바로잡게 한다.

③ 사도신경은 '믿는다'는 것이 교회에 속하는 일임을 일러준다. 그리스도인이 된다는 것은 신앙공동체 안에 들어가는 일이며, 그 공동체는 오순절에 모인 초대교회를 거쳐 예수님이 제자들과 함께 모이신 그 다락방으로까지 거슬러 올라간다. 교인이 된 사람은 사도신경을 고백함으로써 그 공동체와 함께 하나님을 믿는 사람이 되었음을 확증한다. 우리는 믿음의 선배들이 외우고 고백했던 사도신경을 공유하는 공교회(公敎會)의 일원임을 확인하고 감사한다.

사도신경과 삼위일체론

사도신경은 삼위일체론의 구조를 가지고 있다. 즉 하나님 아버지와 그의 유일하신 아들 예수 그리스도, 그리고 성령을 믿는다고 고백한다. 그러나 사도신경은 삼위일체론에 담긴 신앙을 고백할 뿐 삼위일체론이 무엇인지에 대해서는 설명하지 않는다.

여기서 삼위일체론을 체계적으로 논할 수는 없다. 다만, 삼위일체 하나님을 믿는다는 것은 '하나님은 사랑이시라'는 성경의 가르침과 깊이 연결된다는 점을 강조하고 싶다. 삼위일체론은 예수 그리스도 안에서 우리를 찾아오시고, 성령 안에서 우리와 사랑의 관계를 열어 가시는 복음의 하나님을 설명하는 이론이다. 삼위일체론은 복음을 압축해서 담고 있다. 복음은 하나님은 사랑이라는 사실을 전하는 놀라운 메시지요, 그 하나님이 우리를 사랑하시고 구원하신다는 소식이다. 그 사랑을 구체적으로 보여 주신 분이 성자 예수 그리스도요, 그 사랑에 응답하여 사랑의 사귐을 가능하게 하는 분이 성령이시다. 기독교의 모든 가르침은 이 복음의 하나님, 사랑의 하나님, 삼위일체 하나님에 대한 이해와 함께 서고 넘어진다.

삼위일체론은 하나님에 대한 우리의 잘못된 이해를 바로잡아 주며 하나님에 대한 세상의 통속적 이해에 문제를 제기한다. 우리가 믿는 하나님은 어떤 분인가? 하나님은 영원히 홀로 존재하는 고독한 일자(一者, monad)가 아니라 사랑의 사귐 가운데 일체로 존재하는 분이다. 우리가 믿는 하나님은 타자를 지배하고자 하는 거대한 권력을 향한 의지

(will-to-power)가 아니라 힘과 사랑을 나누는 가운데 공동체를 형성하고자 하는 공동체적 의지(will-to-community)다. 하나님의 존재는 주고받으며 나누는 사랑에 있다. 우리가 믿는 하나님은 타자에게 생명을 주며, 공동체 안에서 살기를 원하는 궁극적 힘이다.[5]

삼위일체론은 '인격'에 대한 우리의 잘못된 이해를 바로잡아 준다. 우리가 믿는 하나님은 진정한 의미에서 인격적인 분이다. 사랑의 사귐 가운데 일체를 이루고 계신 삼위일체 하나님의 인격에 비추어 볼 때, 우리 인간의 인격은 결함이 있는 인격이다. 자기중심적이고 타자를 배척하는 인간의 비틀리고 왜곡된 인격은 회복과 구원이 필요한 인격이다.

우리가 삼위 하나님을 예배하고 성경을 읽고 사도신경을 암송하고 하나님께 기도하는 것은 하나님의 사랑에 깊이 잠김으로써 자기중심적 태도에서 벗어나 하나님의 성품을 닮은 사람, 온전한 인격으로 변화되기 위함이다.

왜 신학을 공부해야 하나?

유진 피터슨 목사님이 젊은 시절 신학교를 가겠다고 했을
때 자기가 다니는 교회 교인들이 이렇게 말했다고 한다.
"신학교에 가면 너는 믿음을 잃게 될 거야. 너는 주님을 떠
나려 하고 있어."

　지금도 신학을 의심스럽게 보고 경계하는 사람들이 있
다. 그들은 신학이 신앙생활에 도움이 되기보다는 신앙을
혼란스럽게 한다고 생각한다. 신앙은 직접적이고 하나님과
생동하는 관계인데 신학은 이론을 동원하여 하나님과의 관
계를 냉각시킨다는 것이다.

왜 신학을 공부해야 할까? 이 질문에 대하여 청교도 목회자이자 신학자인 조나단 에드워즈는 하고 싶은 말이 많았다. 그는 36세인 1739년 11월에 히브리서 5장 12절을 본문으로 "하나님의 진리에 대한 지식"(Knowledge of Divine Truth)이라는 제목으로 설교를 했다. (우리나라에서는 《신학 공부의 필요성과 중요성》이라는 제목으로 출판되었다.)

왜 모든 그리스도인이 신학 지식을 증가시키기 위하여 열심히 공부해야 하는가? 그에 대한 요점을 정리하면 다음과 같다.

① 신학 지식을 쌓아 가는 것은 그리스도인의 소명이다. 하나님이 인간에게 지성을 주신 것은 다른 분야에서도 필요한 지식을 얻게 하기 위함이지만 무엇보다도 신학 공부를 하게 하기 위함이다. 인간이 동물보다 뛰어난 것은 생존 이상의 목적이 있는데, 인간은 하나님을 알고 섬기고 하나님께 영광을 돌리는 것이 삶의 목적이다.

② 그리스도인은 이미 가지고 있는 신학 지식에 만족하면 안 된다. 하나님에 대하여 더 많은 지식을 가지면 우리는 더 성장하고 하나님의 뜻에 더 민감해진다.

③ 신학은 모든 사람의 영원한 구원과 행복과 관련이 있다. 그러므로 하나님의 본질과 성품에 대해서 목회자만 알아서는 안 된다. 모든 성도는 예수 그리스도의 구주 되심

과 그의 삶과 고난에 대해서 알아야 한다. 그래서 우리가 어떻게 의롭다 하심을 받을 수 있는지 알아야 한다.

④ 하나님은 무한하시기 때문에 신자는 꾸준히 신학 공부를 해야 한다. 신학의 관심 분야인 하나님의 구속 사역은 신비함으로 가득 차 있다. 평생을 공부해도 마칠 수 없는 풍성한 내용을 담고 있다.

⑤ 성도의 소명과 사역은 하나님을 위해 살아가는 것이다. 그러므로 하나님에 대한 지식이 충만해야 하나님을 위해 더 잘 살 수 있다.

⑥ 하나님은 사람들에게 하나님에 대한 지식을 나누어 주기 위해 교회에 교사를 주셨다. 그리고 다른 사람들에게는 배워야 할 의무를 주셨다. 하나님은 배우려고 하지 않는 사람, 배운 것을 적용하려고 하지 않는 사람을 위해 교사를 세워 주시지 않았다.

⑦ 성경에서는 그리스도인을 제자라고 하였다. 제자는 배우는 사람이다. 모든 성도가 신학 지식을 증진시키기 위하여 부지런히 노력하는 것이 하나님의 뜻이다.

왜 신학을 공부해야 할까? C. S. 루이스는 조나단 에드워즈와는 다른 측면에서 왜 신학을 공부해야 하는지 설명하였다. 그는 해변에서 대서양을 바라보는 사람을 예로 들었다. 넘실대는 파도와 장엄한 낙조의 순간을 보는 순간 그는 벅차오르는 감동을 느꼈다. 그런데 그가 집에 와서 대서양의 지도를 본다면 그 안에서 무엇을 찾을 수 있을까? 일렁이는 파도와 황홀한 낙조는 지도 어디에도 없다. 그는 실제적인 것에서 비실제적인 것으로 돌아선 것이다. 지도는 현실을 담아내지 못한다. 그렇다. 지도가 그려진 그 종이에서 그는 조금 전에 감동을 주었던 넘실대는 파도를 볼 수 없고 바다 냄새도 맡을 수 없다. 그러면 그처럼 무미건조한 지도를 볼 필요가 있는가? 루이스는 다음 두 가지를 기억하자고 하였다.

첫째, 지도는 수백 수천의 사람들이 실제로 대서양을 항해하면서 발견해 낸 사실을 반영하고 있다. 둘째, 우리가 어디론가 가려면 지도가 절대적으로 필요하다. 해변에서 수영을 하고 노을에 물든 바다를 바라보는 것으로 만족하려면 지도가 필요 없다. 그러나 외국으로 가려고 항해하려는 사람에게는 그 지도가 해변의 체험보다 더 요긴하다. 지도를 보고 공부하는 것이 필요하다.

신학은 지도 같아서 신앙의 생생한 현실을 담아내지 못한다. 하나님을 예배하면서 느꼈던 감동, 살아가면서 깨달았던 신앙 체험에 비하면 신학은 무미건조하다. 그러나 신학은 하나님에 대해 바르고 풍부한 이해를 가지도록 도와준다. 신학은 우리를 향한 하나님의 뜻을 알려 주고 어떻게 구원을 받을 수 있는지 도와준다. 우리가 험한 세상에서 길을 잃지 않으려면 지도의 역할을 하는 신학의 도움을 받아야 한다. 모든 교인이 신학을 전문적으로 공부할 필요는 없지만 지도를 보고 도움을 받는 법은 배워야 한다.

칼 바르트는 신학은 신학의 대상인 하나님 때문에 행복한 학문이라고 하면서 신학을 배우도록 초대했다. 바르트에 따르면, 세상의 모든 학문은 그 연구하는 대상을 객체화하여 인간이 주도적으로 한다. 그러나 주님이신 하나님을 공부하는 학문인 신학은 인간이 주도권을 행사하는 학문이 아니다. 신학은 하나님이 주체가 되시는 학문이다. 그런 점에서 바르트는 신학을 겸손한 학문(modest theology)이라고 하였다. 신학은 하나님을 알기 위해 낮은 자세로 다가가야 하는 학문이라는 뜻이다. 신학은 일반적인 신에 대해서 공부하는 학문이 아니다. 신학은 우리와 함께하시는 임마누엘 하나님, 우리를 찾아와 구원의 은혜를 베푸시는 사랑의 하나님을 공부하는 학문이다. 그렇기 때문에 신학은 "최고로 고마운 학문이요 행복한 학문!"(the most thankful and happy science!)이라고 하였다.[6]

하나님을 배우는 신학은 행복한 학문일 뿐 아니라 즐

거운 학문이다. 목회자들은 물론 교인들도 이 은혜롭고 아
름다운 하나님을 공부하는 즐거움에 참여할 수 있기를 바
란다.

2

—

성부 하나님

어떤 사람이 하나님을 믿는다고 할 때 그는 과연 하나님이 어떤 분인지 다 알고 있을까? 어림없다. 우리는 하나님을 제대로 알지 못한다. 유한한 인간은 무한하신 하나님을 온전히 알 수 없다. 하나님은 우리에게 불가해한 존재다. 그러므로 "우리의 이성이 아니라, 오직 하나님의 계시만이 하나님의 불가해성으로부터 우리를 건져 낼 수 있다."[7]

우리가 하나님을 믿고 알고 고백하는 원천은 우리 자신의 이성이나 능력에 있는 것이 아니라 예수 그리스도를 통한 하나님의 계시 안에 있다. 하나님은 예수 그리스도를 통해서 우리를 위한 하나님, 우리와 함께하시는 하나님으로 자신을 계시하셨다.

사도신경은 하나님을 세 가지 명칭으로 압축한다. 우리가 믿는 하나님은 '아버지'이시고, '전능하신 분'이시며, '창조주'이시라고 고백한다. 그 명칭에서 '아버지'는 하나님의 인격적인 면과 관계성을 드러내며, '전능하신'은 하나님의 속성을 드러내며, '창조하신'은 하나님의 사역을 대표한다.

아버지 하나님

사도신경은 하나님을 '제일 원인', '존재의 근원', '보편자' 등으로 표현하지 않는다. 사도신경은 "나는 하나님 아버지를 믿는다"라고 고백한다. 우리가 하나님을 '아버지'라고 부를 때, 하나님을 비인격적인 존재나 어떤 힘으로 여기는 생각은 모두 힘을 잃게 된다. 제임스 패커는 이렇게 말했다.

"나는 하나님 아버지를 믿습니다", 이 고백은 단순히 하나님에 대한 교리적 지식을 수용한다는 것이 아니다. 즉 하나님에 대한 어떤 내용을 믿는다는 것이 아니라 하나님께 헌신하겠다는 것을 다짐하는 것이다. 좀 어렵게 들리겠지만 이 고백은 내가 주체적으로 하나님을 이런 분으로 믿는다고 선언하는 것이 아니라 하나님이 나를 부르셔서 하나님과 특별한 관계 속으로 초대했다는 사실을 고백하는 것이고 나는 그 초대를 받아들였다고 사람들에게 공언하는 것이다.[8]

(1) 하나님을 아버지라고 하는 것은 하나님이 인격적인 분임을 가리킨다. 하나님은 단순히 비인격적인 초자연적 능력이 아니다. 하나님은 우리에게 자애로운 아버지이시다. 아버지 하나님은 사랑으로 모든 세계와 인간을 돌보시는 분이다. 하나님은 그분의 유일하신 아들 예수 그리스도를 통하여 우리를 아들로 받아 주셨으며, 예수님은 우리에게 하나님이 우리의 아버지가 되신다고 가르치셨다.

(2) 하나님은 우리의 아버지가 되시기 전에, 본성상 영원히 아버지이시다. 하나님은 우리의 아버지가 되시기 전부터 아버지이시다. 바르트는 이 점을 다음과 같이 명료하게 표현하였다.

한 분 하나님은 본성상 영원히 아버지이시고, 그의 아들의 원천이시며, 그 아들과의 연합 속에서 성령의 원천이십니다. 그의 이러한 존재 방식에 의하여 하나님은 은혜로 말미암아 시간 안에서, 그의 아들 안에서, 그의 성령을 통하여 그의 자녀가 되도록 부르신 모든 사람의 아버지이십니다.[9]

(3) 우리는 하나님의 아들이신 예수 그리스도를 통하여 하나님의 아들, 하나님의 자녀가 된 사람들이다. 그러므로 그리스도인들은 하나님을 '아버지'라고 부르며 하나님의 사랑과 돌보심을 감사하고 찬양한다.

찬송하리로다. 하나님 곧 우리 주 예수 그리스도의 아버지께서 그리스도 안에서 하늘에 속한 모든 신령한 복을 우리에게 주시되, 곧 창세전에 그리스도 안에서 우리를 택하사 우리로 사랑 안에서 그 앞에 거룩하고 흠이 없게 하시려고 그 기쁘신 뜻대로 우리를 예정하사 예수 그리스도로 말미암아 자기의 아들들이 되게 하셨으니(엡 1:3-5).

(4) 예수님은 하나님 아버지가 사랑으로 가득한 분, 자애로운 어머니 같은 아버지이심을 보여 주셨다. 그분은 비유를 통하여 하나님이 어떤 아버지이신지 실감 나게 들려주셨다. 예수님은 하나님이 집을 나간 아들을 기다리는 아버지와 같은데, 집을 나간 아들이 돌아오자 아버지가 기뻐

서 잔치를 벌였듯이 하나님 또한 그런 분이라고 가르치셨다. 하나님은 우리에게 어머니 같은 사랑으로 맞아 주시는 사랑이 많으신 아버지이시다.

(5) 우리가 하나님을 아버지라고 부르는 것은 우리가 하나님께 속한 존재이며, 하나님께로 돌아가야 한다는 것을 고백하는 것이다. 그리고 이 세상에서 아버지 하나님의 자녀답게 살기를 다짐하는 것이다. 루터는 어느 설교에서 하나님 아버지라는 단어의 의미에 대해 이렇게 해석하였다. "'창조주'란 단어가 우리가 어디로부터 왔는지를 말한다면, '아버지'란 단어는 우리가 누구에게 속하며 누구에게 돌아가야 할지를 말한다."[10]

(6) 하나님이 우리의 아버지이시고 우리가 하나님의 자녀라는 사실은 그리스도 안에서 누리고 있는 우리의 신분에 대한 진술(indicative)일 뿐만 아니라, 하나님의 자녀가 된 우리에게 이 땅에서 하나님의 자녀다운 삶을 살 것을 요구하는 명령(imperative)이기도 하다. 그리스도인은 자신이 하나님의 자녀임을 깨닫고, 하나님의 사랑과 은혜에 감사하는 마음으로 하나님의 뜻에 순종하며 살아야 한다. 그렇게 사는 것이 우리에게 복이다.

전능하신 하나님

성경에서는 하나님의 속성을 다양한 이야기와 단어로 표현하고 있다. 신학자들은 그 내용을 뽑아서 하나님을 영원, 불변, 편재, 전지전능, 자비, 의로우심 등 여러 단어로 설명한다. 그러나 사도신경은 그 하나님의 여러 속성 가운데 '전능'만을 고백하고 있다. 그렇다고 해서 하나님의 속성을 '전능'이라는 단어로만 이해할 필요는 없다.

'전능하심'은 하나님이 어떤 분인지 이해하는 데 핵심이 되는 단어다. 사람들은 하나님이라고 하면 당연히 전능한 존재라고 생각한다. 그렇다. 하나님은 전능하신 분이다. 하나님이 전능하지 못하다면 어떻게 하나님을 믿고 하나님께 삶을 맡길 수 있겠는가? 어떻게 하나님의 말씀에 순종할 수 있겠는가? 하나님이 전능하지 못하다면 우리 존재의 근원부터 흔들리지 않겠는가? 하나님을 전능하신 분이라고 믿기 때문에 우리는 어떤 처지에 놓여도 하나님을 신뢰할 수 있는 것이다. 하나님은 아브라함에게 말씀하셨다. "나는 전능한 하나님이다. 나에게 순종하며, 흠 없이 살아라"(창 17:1, 새번역).

그러면 하나님이 전능하신 분이라고 하는 것은 무슨 뜻인가? 사람들은 하나님은 못 하시는 것이 없는 존재, 무한한 힘을 가진 존재이기 때문에 전능하다고 생각한다. 그런 생각이 틀린 것은 아니다. 하나님은 천지를 창조하셨듯이 무한한 능력을 갖고 계신다.

문제는 하나님을 전능하신 분이라고 할 때 사람들은 그 '전능'이라는 말에서 인간이 추구하는 힘, 자기가 하고 싶은 대로 힘을 행사하는 권력자의 제약 없는 힘을 연상한다는 데 있다. 이런 식으로 전능한 힘을 행사하려고 하는 존재가 누구인가? 하나님인가? 아니다. 악마다. 악마에 휘둘리는 타락한 인간이다.

우리는 인간들이 가진 힘을 무한히 확대하여 하나님의 전능하심을 이해하려고 한다. 그런 하나님은 포이어바흐가 비판했듯이 힘과 권력을 갖고 싶어 하는 인간이 자신의 욕망을 신이라는 이름에 투사한 것일 뿐이다. 그러므로 우리는 하나님의 전능하심을 인간의 경험과 이해를 바탕으로 해석하면 안 된다.

여기서 성경의 증언이나 기독교 교리를 해석할 때 반드시 유념해야 할 원칙을 이야기하고 싶다. 그것은 하나님의 전능하심, 사랑, 정의, 자유 등을 해석할 때 인간의 경험을 통해 알게 된 이해를 따라 하나님을 해석하면 하나님을 오해하게 된다는 것이다. 예를 들자면, 인간 사회에서 볼 수 있는 이기적이고 자기중심적인 사랑을 유추하여 하나님의 사랑을 이해하면 하나님에 대해 그릇된 이미지를 갖게 된다. '하나님 아버지'라고 할 때도 마찬가지다. 자기가 경험한 아버지, 때로는 횡포를 부리고 무책임한 아버지를 연상하면서 하나님을 생각하면 안 된다. 마찬가지로 우리는 하나님의 전능하심을 해석할 때도 성경이 증언하는 내용에 근거해야 한다.

성경은 '전능'이라는 개념을 '무제약적 힘'과 같이 추상적으로 정의하지 않는다. 성경에서 전능은 하나님의 자유로우심과 돌보심을 강조할 때 사용되며, 암담한 현실에서도 낙심하지 않고 하나님의 다스림과 그분의 약속을 신뢰해야 하는 이유를 말할 때 사용된다. 우리는 하나님의 전능하심을 예수 그리스도를 통해 자신을 계시하신 하나님의 모습과 성품을 통해 해석해야 한다. 그러면 하나님을 전능하신 분이라고 고백하는 것은 어떤 의미인가?

(1) '전능하신 하나님'이라는 고백은 하나님이 모든 권세와 능력의 원천임을 고백하는 것이다. 이 세상의 모든 능력과 권세는 하나님으로부터 나온다. 이 세상의 통치자가 지닌 권위는 모두 하나님에게서 유래하며, 따라서 그들은 통치하고 권력을 행사할 때 하나님께 책임을 져야 한다.

(2) 하나님의 전능하심은 파괴적인 힘을 마음껏 휘두르는 능력이 아니다. 하나님의 전능은 타락한 세상을 포기하지 않고 이 세상을 보존하고 유지하려는 하나님의 뜻을 관철하는 힘이다. 바르트는 하나님의 전능하심에 대해 이렇게 말했다.

> 삼위일체 하나님의 전능하심은 타자를 통제하고 지배하는 권력을 행사하는 것과는 전적으로 다르다. 삼위일체 하나님의 권능은 전능한 사랑이다. 십자가에 달리신 그리스도는 구원을 위한 하나님의 능력이다(고전 1:23-24). 그리스도의 십자가에서 최고도로 드러난 하나님의 사랑은, 세상을 창조하고 구원하며 세상을 정해진 목적지로 이끌어 가려는 그분의 목적을 성취하기에 충분한 모든 권능을 소유하고 있다. 하나님의 전능한 사랑은 하나님 자신의 것이기 때문에 남을 지배하거나 강제하는 방식으로 역사하지 않으며, 주권적이고 효과적이면서도 피조물을 대체하거나 강요하지 않는다.[11]

(3) 하나님의 전능하심은 사랑의 능력이며 구원의 능력이다. 예수 그리스도를 통해 계시된 하나님은 무한한 사랑으로 피조물을 사랑하고, 사랑의 힘으로 모든 악을 극복

하고 승리하신 분이다. 그런 관점에서 볼 때 하나님의 '전능하심'은 타자에게 '자신을 자유롭게 내어 줄 수 있는 사랑의 신적 능력'으로 이해할 수 있다. 자기 상실의 두려움에 사로잡혀 있는 인간이 행사하는 힘과 달리 하나님의 전능하심은 타자의 존재와 번영과 완성을 위해 자신을 무조건 무제약적으로 수여하는 능력이다. 하나님의 능력은 질서의 능력이며, 사랑을 성취하시는 능력이다. 하나님의 능력은 거룩하고 의로우며 자비로우며 오래 참으시며 친절한 능력이다.

(4) 하나님을 전능하신 분이라고 고백하는 그리스도인은 자신의 힘을 세상의 방식을 따라 자기 욕망을 실현하기 위해 행사하지 않아야 한다. 상황이 어렵게 돌아가더라도 하나님의 전능하심을 믿지 못하여 조급해하거나 낙담하지 않아야 한다. 그리스도인은 믿음으로 인내하고 소망 가운데 평화를 추구하며 사랑으로 대응하고 극복해야 한다.

창조주 하나님

그리스도인은 전능하신 하나님이 천지를 지으셨다고 고백한다. 우주는 영원 전부터 계속 있었던 것도, 우연히 발

생한 것도 아니다. 하나님은 전능하신 분이며 사랑으로 가
득하신 분이다. 창조는 하나님의 전능하심과 사랑에서 비
롯된 산물이다.

(1) 창조는 하나님의 전능하심을 보여 주는 대표적인
사건이다. 동시에 하나님의 사랑이 구체적으로 표현된 것
이기도 하다. 사랑의 교제 가운데 계신 삼위 하나님이 피조
물과 함께 사랑하기로 결정함으로써 천지가 창조되었다.
창조는 사랑의 하나님께서 피조물인 타자에게 자신을 내
어 주시고, 피조물이 불순종할 위험마저 무릅쓰기로 자기
를 스스로 제한하신 행위다. 어떻게 그런 일이 있을 수 있는
가? 그 신비는 자기를 비워 인간이 되신 하나님(빌 2:6-7)의
아들로부터 창조를 이해할 때 깨닫게 된다. 골로새서는 창
조에 대해서 이렇게 증언한다.

> 그 아들은 보이지 않는 하나님의 형상이시요, 모든 피조
> 물보다 먼저 나신 분이십니다. 만물이 그분 안에서 창조
> 되었습니다. 하늘에 있는 것들과 땅에 있는 것들, 보이는
> 것들과 보이지 않는 것들, 왕권이나 주권이나 권력이나
> 권세나 할 것 없이, 모든 것이 그분으로 말미암아 창조되
> 었고, 그분을 위하여 창조되었습니다. 그분은 만물보다

먼저 계시고, 만물은 그분 안에서 존속합니다(골 1:15-17, 새번역).

하나님은 보이는 물리적인 세계를 창조하셨을 뿐 아니라, 보이지 않는 세계도 창조하셨다. 성부 하나님이 천지를 창조하실 때 성자 예수 그리스도는 창조의 중재자로서 역할을 감당하셨다. 모든 것이 아들로 말미암아 창조되었고, 아들을 위하여 창조되었다.

(2) 창조주 하나님을 믿는 것은 우주의 기원에 관한 특정한 주장을 넘어 삶에 대한 근본적 태도와 관련된다. 과학자들이 물리적인 우주와 그 현상에 관심이 있다면, 그리스도인들은 이 세상의 근원과 목적 그리고 모든 것을 주관하시는 하나님께 관심을 기울인다. 창조주 하나님을 믿는 그리스도인은 자신이 맹목적인 운명에 내던져지지 않았다고 믿는다. 우리가 창조주를 믿는다는 것은 우리가 예수 그리스도의 아버지이신 하나님께 속해 있음을 믿는 것이요, 하나님 없이는 우리가 있을 수 없으며, 오직 하나님을 통해서만 존재한다는 사실을 확증하는 것이다. 그래서 그리스도인은 하나님 안에만 참된 쉼이 있다고 고백한다. 그 점을 아우구스티누스는 이렇게 표현하였다. "오, 주님. 당신은 당

신 자신을 위해 우리를 지으셨습니다. 그렇기에 우리가 당신 안에서 안식을 얻기까지 우리 마음은 계속 불안한 상태로 남습니다."

(3) 창조주 하나님에 대한 신앙고백은 이 세상 만물에 신적인 힘이 깃들어 있어서 인간의 운명에 영향을 미친다는 신화적인 세계관을 거부한다. 동시에 이 세상 만물은 어떤 의미도 없는 물질 덩어리에 불과하다는 현대인의 생각도 거부한다. 믿음의 눈으로 볼 때 이 세계는 하나님의 영광을 찬란하게 보여 주고 있다. 그래서 칼뱅은 이 세상을 "하나님의 영광을 보여 주는 극장"(*theatrum gloriae Dei*)이라고 했다.

(4) 창조주 하나님에 대한 신앙고백은 이 세상을 긍정하도록 이끈다. 기독교는 성경의 증언을 따라, 하나님이 보이지 않는 것과 보이는 것들을 창조하셨다고 함으로써 신플라톤주의와 그 영향으로 발달된 물질에 대한 부정적인 생각을 거부하고 이 세상을 긍정한다. 삼위 하나님의 창조를 믿는 기독교는 세계와 그 안에 있는 모든 것의 가치를 매우 높게 평가한다. 창조 신앙은 이 세상을 부정하지 않을 뿐 아니라 하나님의 뜻이 이 땅 위에 이루어질 것을 소망한다. 성경에서 이 세상을 부정하는 경우는 이 세상 자체가 아니

라 이 세상이란 말에서 표현되는 사탄의 권세와 인간의 죄악을 겨냥한 것이다.

(5) 창조주 하나님을 믿는 그리스도인은 하나님이 창조하신 이 세계를 잘 보전하고 가꿀 책임을 인식해야 한다. 예전 사람들도 자연을 파괴했지만 현대인은 하나님이 창조하신 세계를 망쳐 놓을 가능성이 매우 크다. 우리 인간도 하나님의 피조물이다. 같은 피조물이지만 하나님의 형상으로 지음받은 인간은 이 세상의 청지기로서 자신의 책임을 깊이 인식해야 한다.

(6) 창조주 하나님을 믿는 그리스도인은 하나님께서 자신이 창조하신 세계를 지속적으로 돌보고 계심을 고백하고 찬미한다. 하나님은 만물을 만드셨을 뿐 아니라 유지하고 계신다. 그리스도인은 우리의 삶을 돌보시고 주관하시는 하나님의 다스림과 권능이 영원하다고 믿기 때문에, 하나님을 예배하고 찬양하고 그분을 영화롭게 해야 한다. 하나님의 형상으로 창조된 인간은 근본적으로 '호모 아도란스'(*homo adorans*) 곧 찬미하는 존재다.[12]

하나님의 아름다움

사도신경은 성경이 하나님에 대해서 가르치는 중요한 내용을 모두 담아내지는 못했다. 특히 성부 하나님에 대한 고백에서 '사랑'을 언급하지 않은 것은 매우 아쉽다. 그러나 사도신경은 성자 예수 그리스도와 성령에 대한 고백에서 하나님이 우리 인간과 세상을 얼마나 사랑하시는지 잘 표현하고 있다. 그뿐만 아니라 기독교는 신학과 설교에서 하나님이 사랑임을 지치지 않고 강조하고 있다.

문제는 아름다움이다. 아름다움은 기독교 신앙과 삶에서 회복되고 강조되어야 할 가치다.[13] 그리스도인들은 신앙생활을, 복음의 진리를 깨닫고 선한 일을 하면서 사는 것이라고 생각한다. 아름다움을 추구하고 미적 즐거움을 향유하는 것은 신실한 신앙인이라면 피해야 한다는 것이다. 세상의 아름다움은 창조주를 경배하기보다 피조물을 숭배하게 한다고 생각했다. 그렇게 생각하게 된 것은 아름다움에는 타락으로 이끄는 치명적 힘이 있다고 보았기 때문이다.

이런 생각 때문에 기독교와 신학에서 진(眞)과 선(善)에 비하여 미(美)는 오랫동안 주목받지 못했다. 패트릭 셰리의 말대로, 아름다움은 하나님의 속성 가운데 가장 무시당한 속성이었다. 하나님의 아름다움은 전문적인 신학 저서에서뿐만 아니라 설교와 대중적인 종교 서적에서도 별로 관심 있게 다루어지지 않았다.[14]

그러나 다시 생각해 보자. 자연에서든 예술에서든 삶에서든 아름다움을 경험하고 누리는 것은 인간에게 부여된 소중한 자산이다. 그런데 기독교 신학이 아름다움의 차원을 상실함으로써 신학은 하나님에 관한 지식 체계가 되어 버렸다. 신학이 아름다움이 주는 삶의 풍성함과 상관없는 메마른 이론으로 전락한 것이다.

그렇지만 하나님의 아름다움과 아름다움이 갖고 있는 힘을 강조한 신학자들도 있었다. 칼 바르트는 말하기를, 신학은 아름다운 하나님을 학문의 대상으로 삼기 때문에 아름다운 학문이라고 했다. 그러므로 하나님의 아름다움에 주목하지 못하는 신학자는 회개해야 한다고 했다.

생각해 보라. 기독교가 개념과 논리, 도덕적 가르침으로만 이해되면 얼마나 무미건조하겠는가? 기독교는 논리와 도덕보다 경탄과 더 깊은 관련이 있다. 왜냐하면 하나님은 만물의 원천일 뿐 아니라 아름다움의 원천이시기 때문이다. 아우구스티누스는 말하기를, 하나님은 아름다움 그 자체라고 하였다. 그는 《고백록》에서 하나님을 아름다움이라고 불렀다.

> 지극히 오래되고 지극히 새로우신 아름다움이여, 내가 뒤늦게 주님을 사랑하였나이다. 뒤늦게 사랑하였나이다. 보소서, 주님은 안에 계셨지만, 나는 바깥에 있었으며, 나는 저기 바깥에서 주님을 찾았나이다. 추한 모습으로 나는 주님이 만드신 사랑스러운 것들 가운데로 조심성 없이 돌진하였나이다. 주님은 나와 함께 계셨지만 나는 주님과 함께 있지 않았나이다.[15]

아우구스티누스에게 아름다움은 하나님의 이름이기도 했다. 그는 하나님을 "지극히 오래되고 지극히 새로우신 아름다움"이라고 불렀다. 그는 지난 세월 아름다움을 찾아 헤매었지만 정작 아름다움 자체이신 하나님과 함께 있지 않았음을 후회하였다. 그는 뒤늦게 그처럼 아름다운 하나님을 사랑하게 되었음을 슬퍼하였다. 그러나 그것은 아름다움 자체이신 하나님을 만난 사람의 행복한 슬픔이었다.

기독교는 하나님의 아름다움에 대해서 가르칠 뿐 아니라 하나님의 아름다움을 경험할 수 있게 해야 한다. 아름다움은 하나님의 진리와 선이 가지는 설득력 있는 힘이다. 기독교는 예수 그리스도를 통해서 보여 주신 하나님의 구원 이야기를 들려줌으로써 사람들이 하나님의 아름다움을 발견하고 아름다운 그리스도인으로 살아갈 수 있도록 도와주어야 한다. 자연과 삶 속에서 하나님의 아름다움을 발견하고 더 좋은 세상을 상상할 수 있도록 격려해야 한다. 교인들의 상상력을 성화시켜 일상에서 하나님의 아름다움을 보고 느끼고 아름답게 살아가도록 지원해야 한다.

도스토옙스키는 소설 〈백치〉에서 "아름다움이 세계를 구원할 것"이라고 했다. 어떻게 아름다움이 세계를 구원할 수 있을까? 우리는 그리스도를 통해 나타난 하나님의 아름다움에 대한 기독교의 이해를 통해서 그 해답의 단초를 발견한다. 그리스도는 하나님의 아름다움을 구체화한 분이다. 그러면 그리스도 안에 나타난 아름다움은 어떤 아름다움인가?

그리스도 안에 나타난 아름다움은 타자를 아름답게 하

는 아름다움이다. 아우구스티누스에 따르면, 인간은 아름다움의 원천이신 하나님을 떠나 피조물을 향하여 나아갈 뿐 아니라 자신을 피조물의 형상에 따라 변형시킴으로써 세계의 변질되고 썩어질 운명을 나누어 받게 되었다. 죄에 빠진 인간은 스스로 죽음에 처할 운명, 흉하게 될 운명을 벗어날 수 없게 되었다. 이런 불행한 상황에서 하나님이 그 아들 예수 그리스도를 통해서 아름다운 일을 시작하였다. 인간을 아름답게 변모(reform)시키기 위하여 하나님은 흉하게 변형(deform)되기를 스스로 결정하셨으며 실제로 흉하게 되셨다.

그[예수 그리스도]는 우리가 바라보아야 할 모양(form)도 없고 고운 모습도 없다. 그리스도의 흉함(deformity)이 너를 형상(form)이 되게 하였다. 왜냐하면 그가 흉하게 되기(be deformed)를 원하시지 않았다면 너는 잃어버린 형상(form)을 돌려받을 수 없었기 때문이다. 그러므로 그리스도가 십자가에 흉하게 달렸지만, 그의 흉함(deformity)은 우리의 아름다움이 되었다.[16]

그리스도를 통해 발견되는 하나님은 단지 아름다운 존재가 아니라 타자를 아름답게 하는 존재다. 그리스도는 우리에게 궁극적인 아름다움은 사랑임을 보여 주셨다. 결국 아름다움이 세계를 구원한다는 말은 사랑이 세계를 구원한다는 뜻으로 새겨도 될 것 같다.

요한일서 4장 17-21절에 관한 설교에서 아우구스티누스는 하나님의 사랑에 응답하여 하나님을 사랑함으로써 우리는 아름답게 변화된다고 말한다.

그러나 형제들이여, 우리의 영혼은 불의 때문에 추하지만, 신을 사랑함으로써 아름답게 된다. 사랑하는 자를 아름답게 만드는 사랑은 그럴 수밖에 없다! 그러나 신은 항상 아름다우시고, 결코 추한 적이 없으시며, 결코 변함이 없다. 항상 아름다우신 그가 먼저 우리를 사랑하셨으며, 더럽고 추한 우리를 그가 사랑하셨을 때 우리는 어떠했는가? 그러나 우리를 추한 그대로 내버려 두지 않고, 우리를 변화시켜 추한 것에서 아름다운 것으로 만드신다. 우리가 어떻게 아름다워질 수 있는가? 항상 아름다우신 그분을 사랑함으로써니이다. 사랑이 당신 안에서 커가듯이, 아름다움도 커가나이다.[17]

3

—

성자 예수 그리스도

기독교 신앙의 핵심은 심오한 사상이 아니라 인격이다. 기독교 신앙의 중심은 예수 그리스도다. 기독교는 예수 그리스도를 통해서, 그분의 삶과 가르침과 인격을 통해서 알게 된 하나님을 믿는 종교다. 그래서 우리가 믿는 종교를 '그리스도교', '기독교'라고 한다. 그런 만큼 사도신경은 예수 그리스도에 대하여 고백한 내용이 가장 길다.

사도신경은 먼저 몇 가지 호칭을 통해서 예수가 누구인지 고백하고, 이어서 예수의 탄생, 삶, 죽음, 부활, 승천, 다시 오심 등 삶의 여정을 통해서 그분이 누구인지 고백한다. 여기서는 그 핵심 내용만 간추려 간단히 살펴보려고 한다.

호칭을 통해 본 예수 그리스도

"나는 하나님의 유일하신 아들, 우리 주 예수 그리스도를 믿습니다"

초대교회의 가장 오래된 신앙고백은 '예수는 하나님의 아들이다', '예수는 주님이다', '예수는 그리스도다'라는 말에 담겨 있다. 이런 신앙이 사도신경에는 한 문장, "나는 하나님의 유일하신 아들, 우리 주 예수 그리스도를 믿습니다"로 압축되어 있다.

하나님의 유일하신 아들

칼뱅은 〈제네바 요리문답〉에서, 예수를 왜 하나님의 유일하신 아들(독생자)이라고 부르느냐고 질문받으면, 학생은 이렇게 답변해야 한다고 가르친다.

학생: 우리는 하나님의 자녀이지만, 본성적으로가 아닌 오직 은혜로 양자된 자녀입니다. 다시 말해서 우리는 하나님께서 우리에게 그 지위를 부여해 주셨기 때문에 하나님의 자녀가 된 것입니다(요 1:12). 그러나 주 예수께서는 성부의 본체에서 발생하시었고, 성부와 동일한 본체를 가

지고 계시며(히 1:3), 그분만이 본성적으로 하나님의 아들이시기 때문에 진정한 의미의 하나님의 독생자라고 불립니다.

예수 그리스도가 성부와 동일한 본체(본질)를 가지고 계신 하나님의 유일하신 아들이라는 고백은 교회 역사 가운데서 격렬한 논쟁을 거쳐 정착된 표현이다. 4세기 기독교가 로마의 국교로 공인되었을 때, 나사렛 예수가 완전한 하나님이신가를 놓고 제국이 분열될 정도로 논쟁이 과열되었다. 아리우스(250?-336)는 주장하기를, 하나님은 한 분이시기에 예수 그리스도가 아무리 위대해도 성부 하나님과 같은 신이 될 수는 없다고 하면서 예수 그리스도는 성부 하나님과 유사한 본질을 가질 뿐이라고 하였다. 그러나 교회는 예수 그리스도가 하나님 아버지와 동일본질이라고 한 아타나시우스(298-373)의 주장을 받아들였고, 아리우스의 주장은 예수 그리스도를 피조물로 격하시킨다고 하여 이단으로 배척하였다.

예수가 하나님의 유일하신 아들임을 거부하는 이론에는 '양자설'(養子說)도 있다. 하나님은 오직 한 분이라고 믿는 유대교 신앙을 유지하려는 사람들은 교회에 들어와 예수 그리스도를 믿으면서도 예수 그리스도가 하나님의 유일한 아들이라는 주장을 받아들일 수 없었다. 그 사람들은 예수를 믿으면서도 예수 그리스도가 어떻게 하나님의 아들인지를 합리적으로 설명하려고 하였다. 그렇게 해서 나온 이론이 이른바 '양자설'이다. 양자설은 예수 그리스도의 궁극적 신성을 부인한다. 예수는 원래부터 하나님의 아들이 아니라 세례를 받을 때 하나님의 아들로 인정되었다는 주장이다.

그러나 교회는 합리적으로 보이는 그런 주장들을 물리쳤다. 예수 그리스도는 본질적으로, 태초부터 하나님의 유일하신 아들이라고 확고히 믿었다. 교회는 일반적인 의미에서 하나님의 자녀인 우리와 예수를 구분하고, 그분만이 하나님의 영원하신 아들임을 강조하기 위하여 '예수 그리스도는 하나님의 유일하신 아들'이라고 고백하였다.

구약의 유일신 신앙을 배경으로 가지고 있는 교회에서 하나님 이외에 다른 존재를 예배하는 것은 있을 수 없는 일이었다. 그러나 첫 세대 그리스도인들과 그 후예들은 지금까지 예수 그리스도를 예배하고 그분에게 찬미를 드리고 있다. 이는 예수님이 하나님의 유일하신 아들이며, 하나님과 같은 신적 본질을 공유하시는 분이기 때문이다.

우리 주님

그런즉 이스라엘 온 집은 확실히 알지니 너희가 십자가에 못 박은 이 예수를 하나님이 주와 그리스도가 되게 하셨느니라(행 2:36).

'주님'이라는 말은 고대 사회에서 널리 사용된 용어이다. 백성들은 힘으로 다스리는 정치 지도자를 주님이라고 했으며, 종은 주인을 주님이라고 불렀다. 그런데 고대 종교에서 주(主)는 신을 부르는 용어로 사용되었다. 이러한 배경 속에서 그리스와 로마에서는 황제를 주(kyrios)라고 부름으로써 그를 신격화하였다.

우리는 구약성경에서 '주'라는 표현을 자주 접하게 된다. 구약성경에서 '주'는 야웨 하나님을 가리키는 용어로 사용되었다. 그런데 구약 시대에 하나님을 지칭하는 데 사용된 주(主)가 신약성경에서는 예수님을 가리키는 용어가 되었다. 그러면 예수님을 주님이라고 부르는 것은 어떤 의미가 있을까?

① 예수 그리스도가 주님이라는 주장은 그리스도의 신성을 고백하는 것이다. 예수 그리스도가 주님임을 고백하는 것은 예수 그분이 하나님과 동등한 분임을 선포하는 것

이다. 구약에서 이스라엘 백성은 하나님을 '주'라고 불렀다. 특히 후기 유대교로 오면서 하나님의 이름 '야웨'를 직접 부르는 것은 신성모독이라고 생각하여 야웨를 주(아도나이)라고 불렀다. 그런데 그리스도인들은 '예수님'을 '주'라고 불렀다. 그들은 예수 그리스도는 만왕의 왕이실 뿐 아니라 만주의 주라고 고백한 것이다. 예수님을 주라고 고백하는 그리스도인들은 유대인으로부터 신성모독을 저질렀다는 비난을 받았으며 로마인들로부터는 황제숭배를 거부하는 자라 하여 박해를 받았다. 초대교회는 황제를 주라고 부르기를 거부하고 그리스도만이 우리의 주라고 고백함으로 순교를 마다하지 않았다.

② 예수 그리스도를 주님이라고 고백하는 것은 예수님이 자기 생명을 내어 줌으로 우리를 구원하신 분이기 때문이다. 루터는 〈교리문답〉에서, 우리가 주님을 구원자라고 부르는 이유는 그가 우리를 사탄으로부터 하나님께로, 죽음에서 생명으로, 그리고 죄에서 의로 옮겨 주셨기 때문이라고 하였다. 예수 그리스도 안에서 죄와 죽음으로부터 구원받은 사람에게 그분은 새 생명의 주인이시다.

③ 예수 그리스도를 주님이라고 부르는 것은 예수님이 우리 삶의 주인이심을 인정하는 동시에 우리가 예수님의 뜻에 순종해야 하는 종임을 고백하는 것이다. 우리를 위해

생명을 내어 주신 예수 그리스도가 우리의 주님이시라는 고백은 내가 내 인생의 주가 아니라 그분의 종이라는 고백이다. 오직 예수 그리스도만을 자신의 주로 삼고 감사하는 마음으로 그분만을 섬길 때 인간은 진정한 자유인이 된다.

예수 그리스도

예수 그리스도는 '예수가 그리스도'라는 확신이 하나의 이름처럼 된 것이다. 그리스도는 기름 부음 받은 자를 가리키는 '메시아'라는 구약의 용어를 그리스어로 번역한 것이다. 구약 시대에는 '기름 부음'을 받아 일정한 직책을 맡아 봉사하던 이들을 모두 '기름 부음을 받은 자', 곧 '메시아'라고 칭했다.

구약 시대에는 제사장을 세울 때 기름을 머리에 부어 그 직책을 수행하게 했으며, 왕을 세울 때도 기름을 부어 왕으로 삼았다. 그것은 사울과 다윗 이후 계속된 관례로서, 때로는 예언자를 세울 때도 기름을 부어 그 직책을 수행하게 했다(왕상 19:16). 그런데 이스라엘은 장차 오실 이상적인 '기름 부음을 받은 자'(메시아 곧 그리스도)를 기다렸다. 그들은 그분이 오셔서 진정한 제사장으로 이스라엘을 성결케 하시고, 진정한 예언자로 하나님에 대한 온전한 지식을 주실 것이며, 진정한 왕으로 이스라엘을 구원하고 온 세상을 다스리실 것이라고 기대했다.

메시아(그리스도)의 오심을 이스라엘의 운명과 결부시켰던 유대인들에게 그리스도(메시아)라는 칭호는 중대하고도 민감한 문제였다. 그래서 세례 요한이 유대 광야에서 회개의 메시지를 전할 때 사람들은, 그가 언젠가 오시리라 기대되던 '기름 부음을 받은 자, 메시아(그리스도)'가 아닌지 물었다.

예수님이 하나님 나라를 선포하고 놀라운 표적을 행하자 사람들은 예수님께 당신이 메시아, 즉 그리스도인지 말하라고 요구하였다. 예수님은 그리스도였다. 그러나 예수님은 자신이 메시아, 그리스도임을 스스로 밝히려고 하지 않으셨다. 다만 제자들 앞에서 자신이 메시아임을 인정하셨지만, 널리 공개하는 것은 금지하셨다(마 8:29-30). 예수님은 심문받으실 때 대제사장에게도 간접적으로 자신이 메시아임을 인정하셨다(마 26:63-64).

예수님이 자신이 메시아임을 숨기셨던 이유는 당시 메시아에 대한 유대인들의 이해가 제각각이었기 때문이다. 메시아, 즉 그리스도에 대해서는 하나님의 통치 대행자, 정치적 메시아, 새로운 율법 교사, 종말론적 대제사장 등 의견이 분분하였다. 제자들조차 예수님이 그리스도라고 고백했지만 그들의 메시아에 대한 기대는 예수님의 생각과 많이 달랐다.

그런데 예수님이 십자가에 달려 돌아가시고 부활하신 후에 초대교회는 그분이 바로 이스라엘이 그토록 기다리던 진정한 메시아(그리스도)라고 대놓고 선포하였다.

그런즉 이스라엘 온 집은 확실히 알지니 너희가 십자가에 못 박은 이 예수를 하나님이 주와 그리스도가 되게 하셨느니라(행 2:36).

그들이 날마다 성전에 있든지 집에 있든지 예수는 그리스도라고 가르치기와 전도하기를 그치지 아니하니라(행 5:42).

사울은 힘을 더 얻어 예수를 그리스도라 증언하여 다메섹에 사는 유대인들을 당혹하게 하니라(행 9:22).

예수가 그리스도라는 믿음은 예수님이 십자가에서 죽으시고 부활하신 이후에 제자들에 의해 적극적으로 선포되었다. 제자들은 예수님이 어떤 의미에서 그리스도인지 깨달았던 것이다. 초대교회에서 '그리스도'는 예수의 또 다른 이름이 되었다. 그래서 '예수 그리스도'가 하나의 호칭이 되었다.

교회는 이스라엘의 메시아 기대를 훨씬 뛰어넘는 방식으로 메시아 기대를 성취하신 예수님을 자랑하고 선포하였다. 칼뱅은 그리스도라는 칭호에 담긴 뜻을 '왕'과 '제사장' 그리고 '예언자'로 확장하였다. 그는 예수님이 그리스도라고 믿는 것이 우리에게 어떤 중요한 의미가 있는지 알았다.

칼뱅의 사상을 이어받은 제임스 패커는 예수님이 이루신 예언자와 제사장과 왕의 역할을 아래와 같이 쉽게 설명하였다.[18]

첫째, 우리 인간은 하나님을 모르기 때문에 하나님에 대해서 가르쳐 주는 예언자의 역할이 필요하다. 하나님을 모르거나 오해하는 사람은 하나님을 바로 믿을 수 없고 하나님과 바른 관계를 맺을 수도 없기 때문이다.

둘째, 우리는 죄로 인하여 하나님과 멀어졌기 때문에 화해자, 중재자의 역할을 담당하는 제사장이 필요하다. 화해와 용서 없이는 하나님께 가까이 나아갈 수 없고, 하나님이 주시려는 복도 받을 수 없다.

셋째, 우리는 이 세상에서 하나님의 뜻을 따라 살 수 있는 힘이 부족하다. 우리는 약하고 어리석기 때문에 우리를 인도하고 보호하고 강하게 붙들어 줄 누군가가 필요하다. 우리는 참되고 인자한 진정한 왕의 다스림을 받아야 한다.

예수님은 예언자와 제사장과 왕의 역할을 위해 이 세상에 오셨다. 한 분 예수 그리스도의 인격과 사역 안에서 이세 가지 역할이 온전하게 충족되었다.

삶의 여정을 통해 본 예수 그리스도

"그는 성령으로 잉태되어 동정녀 마리아에게서 나시고"

성령으로 잉태되어

예수님의 탄생은 하나님 자신이 신비한 방법으로 인간이 되셔서 인류를 위한 일을 시작하신 사건이다. 성령을 통한 잉태는 예수님이 하나님의 특별한 계획에 따라 출생하셨음을 보여 준다.

예수님이 성령으로 잉태되어 동정녀에게서 나셨다는 고백은 예수님이 하나님으로부터 오신 분임을 가리키는 동시에 인간을 통해서 오셨다는 점을 말하고 있다. 이러한 고백은 나중에 예수는 참 신이요 참 인간이라는 두 본성론을 뒷받침한다. 이 교리는 옛날이나 오늘이나 제대로 설명하기 매우 어렵다. 어떻게 한 사람이 신이면서 동시에 인간일수 있는가?

예로부터 교회는 예수님이 신이신 동시에 인간이라는 교리에 대해서, 다음과 같은 의미가 아니라는 점만은 확실하다고 했다. ① 하나님이 변하여 인간이 된 것이 아니다. 그러면 예수님은 이 세상에 오기 전에는 하나님이었지만 세상에서는 인간이었다는 말이 된다. ② 예수님은 산소와 수소가 만나 물이 되었듯이 신과 인간이 합해져 제3의 존재가 되었다는 것도 아니다. ③ 그렇다고 신성과 인성이 반반으로 되어 있는 반신반인(半神半人) 존재도 아니다.

이해하기 힘들지만 기독교의 성육신론은 하나님이 인간이 되셨지만, 예수님은 하나님으로서의 신성을 그대로 유지하면서 동시에 완전한 인성을 취하셔서 인간으로 사셨다는 것이다. 이 이해하기 힘든 신성과 인성의 연합이 어떻게 가능한가? 교회는 전통적으로 그 신비한 일이 성령을 통해 이루어졌다고 한다. 성령으로 잉태되셨다는 고백은 의학적 진술이 아니다. 그 고백은 예수님은 그 이전의 다른 사람들과 구별되는 새로운 존재이고, 예수님의 근원이 하나님께 있음을 말하려고 하였다.

'성령으로 잉태되심'에 대해 바르트는, 하나님이 성육신의 놀라운 사건을 시작하시고 주도하셨음을 보여 주는 것이라고 하였다. 하나님이 역사의 한 지점에서 피조물을 도우시려고 인간과 하나가 되신 일이 가시화된 것이 성탄

의 신비라고 하였다.[19]

동정녀 마리아에게서 나시고

원래 동정녀 탄생은 십자가와 부활처럼 초대교회 선포의 핵심 내용은 아니었다. 그래서 어떤 사람들은 예수님의 동정녀 탄생을 믿지 않는다. '동정녀'라고 번역된 단어가 구약 이사야서에서는 '젊은 여인'을 가리키는 단어이니 굳이 동정녀 탄생을 고집할 필요가 없다는 것이다. 그러나 그 단어의 번역과 상관없이 복음서는 당사자인 마리아조차 자신이 남자를 알지 못했기 때문에 자신이 아기를 가졌다는 말을 믿을 수 없어 한다. 교회에 다니는 사람들 중에도 동정녀 탄생을 믿기 어려워하는 이들이 제법 있다. 그러나 칼 바르트는 창조를 믿는 사람은 동정녀 탄생도 믿을 수 있다고 한다. 무(無)로부터 만물을 창조하신 하나님을 믿는다면 하나님이 동정녀를 통해 자기 아들을 이 세상에 보낸 것을 왜 못 믿겠느냐는 주장이다.

바르트는 '성령으로 잉태됨'이 하나님으로부터 시작되고 하나님이 주도하신 사건임을 강조하고 있다면 '동정녀 탄생'은 예수님이 하나님으로부터 온 것과 마찬가지로 또한 인간 존재에서 왔다는 것을 강조한다고 하였다.

① 동정녀 탄생을 통해 초대교회는 예수님의 신성이

아니라 인성을 강조하려고 하였다. 교회는 육체의 열등함과 악함을 주장하는 영지주의자들의 공격에 대응하여 하나님의 아들 예수가 인간 마리아를 통해 나셨다고 함으로써 예수님의 참 인성을 주장했다.

그런데 예수님의 동정녀 탄생이 중세 이후 금욕주의적 경건과 만나면서 예수님의 무죄를 보증하는 내용으로 잘못 활용되었다. 예수님이 인간이면서도 어떻게 죄가 없으신 분, 원죄로부터 면제된 분일 수 있는지를 설명하는 근거로 동정녀 탄생이 사용된 것이다. 그러나 문제는 여전히 남는다. 인간 아버지로부터 원죄를 물려받지 않았더라도 마리아를 통해 원죄를 받지 않았겠느냐는 질문이 제기될 수 있다. 그래서 로마 가톨릭교회는 마리아가 예수님을 잉태할 때 이미 원죄가 없었다고 주장한다. 그래도 여전히 문제는 남는다. 마리아는 어떻게 원죄가 없는 상태가 되었을까?

문제는 또 있다. 예수님의 죄 없으심을 변증하려는 목적으로 동정녀 탄생을 받아들이면 마리아는 하나님이 세상에 들어오는 데 사용된 도구 역할에 그치게 된다는 점이다. 마리아가 하나님께 반응하는 태도나 엄청난 스캔들에 휩싸일 각오를 하고 하나님의 뜻에 순종한 믿음, 그녀의 노래에 담긴 놀라운 고백은 그 중요성을 잃게 된다. 출산의 도구로만 '동정녀'의 의미를 축소하거나 추상화하는 것은 적절하지 않다.

② 동정녀 탄생은 성경이 보여 주는 하나님의 구원 역사라는 큰 흐름에서 그 의미를 찾는 것이 좋다. 죄의 역사가 하나님의 말씀에 대한 하와의 불순종 때문에 시작되었다면, 구원 역사의 시작은 받아들이기 힘든 하나님의 말씀에 마리아가 순종함으로 시작되었다. "마리아가 이르되 주의 여종이오니 말씀대로 내게 이루어지이다 하매 천사가 떠나가니라"(눅 1:38).

구원의 역사에서 하와와 대비되는 마리아의 중요성에 대하여 교부 이레니우스는 〈이단 논박〉이라는 글에서 이렇게 말했다.

> 하와는 불순종했습니다. … 불순종함으로 자신뿐 아니라 인류 전체의 죽음의 원인이 되었습니다. … [마리아는] 순종함으로써, 자신뿐만 아니라 인류 전체의 구원의 원인이 되었습니다. … 하와의 불순종의 매듭은 마리아의 순종으로 느슨하게 됩니다.[20]

③ 그런 의미에서 동정녀 탄생 이야기의 핵심은 예수님의 생물학적 탄생의 비밀을 파헤치는 데 있는 것이 아니라, 구원에서 '하나님의 말씀에 대한 인간의 순종'이 갖는

결정적 중요성을 발견하는 데 있다. 물론 마리아의 순종 이전에 세상을 구원하려는 하나님의 결단이 있었고, 하나님의 아들 예수 그리스도의 순종이 있었다. 그래서 이 세상에 빛이 비치고 새로운 구원의 역사가 시작되었다.

둘째 아담인 예수 그리스도는 십자가의 죽음을 앞두고 이렇게 순종하였다. "조금 나아가사 얼굴을 땅에 대시고 엎드려 기도하여 이르시되 내 아버지여 만일 할 만하시거든 이 잔을 내게서 지나가게 하옵소서. 그러나 나의 원대로 마시옵고 아버지의 원대로 하옵소서"(마 26:39). 이렇게 해서 하나님처럼 되려고 한 인간의 교만과 대비되는 하나님의 낮추심, 인간의 자리로 자기를 낮추시는 하나님의 겸손이 사람들 가운데 계시되었다. 이 사실을 조직신학자 김진혁은 다음과 같이 아름답게 표현한다.

성부의 뜻을 실현하기 위한 성자의 순종이 먼저 있었고, 이에 상응하는 마리아의 순종으로 말씀은 육신이 되셨습니다. 말씀이신 성자는 성령을 통하여 마리아의 몸속에 들어오셨습니다. 우리와 함께하시는 하나님, 곧 임마누엘이 개념으로 머물지 않고 살아 있는 인격으로 이 땅에 나타나셨습니다. 이로써 마리아는 성령으로 말씀을 받아 몸으로 말씀을 살아내는 그리스도인의 사명을 처음으로 담당했습니다. 이처럼 마리아의 이야기는 인간이 하나님의 구원에 참여하는 신비로운 방식을 들려줍니다. 그것은 세상을 개혁하고 나를 변화시키려는 열정과 열심 이전에, 하나님의 말씀이 나를 통해 역사 속에서 현존하도록 그분을 향해 자신을 개방하는 일입니다.[21]

④ 동정녀 탄생은 하나님께서 인간을 구원하시기 위해 위엄과 힘으로 제압하신 것이 아니라 겸손과 고난을 겪으셨음을 보여 준다. 김기석 목사는 예수님의 동정녀 탄생에서 예수님의 겸손하고 가난한 삶, 구유에서 십자가에 이르는 고난과 겸비의 삶을 발견했다. 그는 하나님이 인간을 구원하시기 위해 사용한 수단은 부나 권력이 아니라 겸손과 약함이라고 하면서 다음과 같이 말했다.

예수는 지배하러 오신 것이 아니라, 섬기러 왔다. 지배의 포기, 섬김의 선택은 예수의 삶을 하나로 꿰고 있는 날실이다. 구유에서 시작해 십자가에서 끝난 인생, 벌거벗은 채 사람들의 손길에 무기력하게 내맡겨진 예수께서 우리를 구원하신다.[22]

"본디오 빌라도에게 고난을 받아 십자가에 못 박혀 죽으시고"

사도신경은 "동정녀 마리아에게서 나시고"라고 예수님의 탄생에 대해 고백한 다음, 곧바로 "빌라도에게 고난을 받아 십자가에 못 박혀 죽으시고"라고 고백한다. 이 고백을 통해 하나님의 아들이신 예수님이 우리와 마찬가지로 고통과 죽음을 겪으신 진짜 인간이셨음을 강조한다. 예수님은 성육하신 하나님이라는 이유로 죽음을 맛보는 일에서 면제되지 않으셨다. 예수님은 실제로 죽음을 겪으셨으며, 죽음을 맞은 사람들의 무리에 합류하셨다.

그런데 사도신경에는 예수님이 탄생하신 후 죽음 사이에 행한 그분의 삶, 활동, 가르침 등이 모두 생략되어 있다. 필요한 내용을 짧은 형식의 글에 모두 담을 수는 없었을 것이다. 그래도 꼭 필요한 내용은 담아야 하는 것이 아닌가? 사도신경에 예수님의 삶에 대한 구체적인 내용이 없는 것을 아쉽게 생각하는 현대 교회는 그 내용을 넣기도 했다. 1983년에 작성된 미국 장로교의 〈간추린 신앙고백〉은 예수님의 삶을 다음과 같이 압축해서 소개한다.

예수는 하나님의 통치를 선포하셨으며, 가난한 자에게 복

음을 전하시고,

포로 된 자에게 해방을 선포하시고, 말씀과 행위로써 가르치시고,

어린이를 축복하시고, 병든 자를 고치시고, 마음 상한 자를 싸매어 주시고,

버림받은 자와 함께 잡수시고, 죄인을 용서하시고, 모든 사람을 불러 회개하고 복음을 믿게 하셨다.

본디오 빌라도에게 고난을 받아

사도신경에는 마리아 다음에 빌라도가 나온다. 마리아와 빌라도는 서로 다른 모습으로 사람됨의 전형을 보여 준다. 1세기의 한 가난하고 힘없는 여인 마리아는 자신의 지식과 통제를 넘어선 하나님의 신비로운 뜻에 순종하여, 역사에 위대한 변화를 일으켰다. 마리아는 자신의 아들이자 하나님의 아들인 예수를 잉태하고 출산한 여인이 되었다.

반면에 유대 지역을 관할하는 로마 총독 빌라도는 자신의 안전과 지위를 유지하기 위하여 예수님을 십자가형에 내어 주는 불의한 결정을 한 사람이 되었다. 그는 마땅히 해야 할 일을 포기함으로써 이 세상 정권과 질서의 불의한 면을 보여 주었다.

왜 교회는 사도신경에 굳이 '빌라도'를 넣었을까? 빌라

도는 주후 26년부터 36년까지 유대 지역의 총독이었다. 교회는 사도신경 안에 빌라도를 넣음으로써 예수님의 삶과 고난과 죽음이 역사 속에서 일어난 사건임을 분명히 하려고 하였다. 기독교의 진리가 철저하게 역사적이며 세속 권력과 관련된 사건에 근거하고 있음을 보여 주려고 한 것이다.

하나님의 아들 예수 그리스도가 제자들의 발을 씻어 줄 때 사용한 세숫대야가 겸손과 섬김을 보여 주었다면, 자신의 무고함을 증명하기 위해 손을 씻은 빌라도의 세숫대야는 비겁함과 불의와 기만을 보여 주었다.[23]

십자가에 못 박혀 죽으시고

십자가는 당시 로마에서 중죄인을 처형하던 형틀이다. 십자가에서 처형당하는 사람의 죽음은 저주받은 죽음이었다. 유대인들은 나무에 달려 죽은 사람을 하나님께 저주를 받은 사람으로 여겼다(신 21:23). 그러나 바울은 선포했다. "우리는 십자가에 못 박힌 그리스도를 전하니 유대인에게는 거리끼는 것이요 이방인에게는 미련한 것이로되 오직 부르심을 받은 자들에게는 유대인이나 헬라인이나 [십자가에 못 박힌] 그리스도는 하나님의 능력이요 하나님의 지혜니라"(고전 1:23-24).

기독교는 단지 예수님이 십자가에 달려 죽었다는 역사

적 사실만을 전하는 종교가 아니다. 기독교는 예수님의 죽음이 비참하고 무의미한 죽음이 아니라 우리 인간을 구원하기 위한 대속의 죽음이라고 전한다. 예수님이 달려 죽은 십자가에서 인간의 죄가 폭로되었으며 동시에 우리를 향한 하나님의 사랑이 함께 나타났다.

① 십자가에서 죄로 물든 인간의 모습이 드러났다. 인간은 고상하지도 지혜롭지도 않으며 도덕적으로 완전하지도 않다. 십자가는 우리 인간이 하나님을 떠나 부패했으며 하나님을 떠나서는 결코 죽음을 면할 수 없음을 보여 준다.

② 십자가에서 하나님의 의가 나타났다. 예수님은 이 세상에 오신 목적을, 자기 목숨을 많은 사람의 대속물로 주기 위함이라고 하셨다(막 10:45). 바울은 이렇게 선언하였다. "하나님이 죄를 알지도 못하신 이를 우리를 대신하여 죄로 삼으신 것은 우리로 하여금 그 안에서 하나님의 의가 되게 하려 하심이라"(고후 5:21). 예수님은 죄로 물든 인간이 십자가에서 받아야 할 하나님의 심판 자리에 대신 서셨다.

③ 십자가에서 하나님의 사랑이 나타났다. 인간의 죄를 심판하는 자리인 십자가에 달리신 분은 바로 하나님의 유일하신 아들이었다. 우리를 사랑하시는 하나님의 본래 모습인 사랑이 십자가에서 계시되었다.

④ 십자가는 하나님께서 우리에게 자신을 어디까지 내

어 주셨는지 보여 주는 동시에 하나님의 독생자 예수 그리스도가 성부 하나님의 뜻을 따르기 위해 죽기까지 순종하셨음을 보여 준다.

하나님은 비참한 죽음의 상징인 십자가를 급진적인 놀라운 사랑의 표현으로 완전히 변화시켰다. 이 놀라운 사랑을 알게 된 바울은 이렇게 말했다. "내가 너희 중에서 예수 그리스도와 그가 십자가에 못 박히신 것 외에는 아무것도 알지 아니하기로 작정"하였다(고전 2:2). 그래서 우리는 이렇게 찬송(찬송가 149장)한다.

주 달려 죽은 십자가 우리가 생각할 때에
세상에 속한 욕심을 헛된 줄 알고 버리네
죽으신 구주밖에는 자랑을 말게 하소서
보혈의 공로 힘입어 교만한 맘을 버리네
못 박힌 손발 보오니 큰 자비 나타내셨네
가시로 만든 면류관 우리를 위해 쓰셨네
온 세상 만물 가져도 주 은혜 못다 갚겠네
놀라운 사랑 받은 나 몸으로 제물 삼겠네

예수님이 받으신 고난과 죽음의 의미

〈아타나시우스 신조〉는 예수님이 '우리의 구원을 위

해' 고난을 받으셨다며 고난의 의미를 구원론적으로 해석하고 있다. 그런데 사도신경은 예수님이 빌라도에게 고난을 받았다고 할 뿐 예수님이 왜 고난을 받으셨는지에 대해서는 언급하지 않는다. 여기서 잠시 예수님의 고난과 죽음이 우리에게 어떤 의미가 있는지 알아보자.

① 예수님의 고난에는 인간의 반역과 그에 대한 하나님의 진노와 함께 하나님의 자비가 계시되었다. 바르트는 예수님의 고난과 죽음에 대해서 이렇게 말했다.

> 예수 그리스도의 삶은 승리가 아니라 치욕이었고, 성공이 아니라 실패였으며, 기쁨이 아니라 고난이었습니다. 바로 그러한 이유로 해서 이것은 하나님에 대한 인간의 반역과, 필연적으로 수반되는 인간에 대한 하나님의 진노를 계시합니다. 그러나 이것은 또한 하나님께서 인간의 일과, 따라서 인간의 치욕과 실패와 고난을 자기의 것이 되게 하시는 자비를 계시하며, 그렇게 해서 이것은 더 이상 인간의 일이 될 필요가 없게 되었습니다.[24]

② 예수님의 고난과 죽음은 하나님의 뜻에 순종함으로 받은 고난이었다. 모든 사람이 자기중심성의 중력에 따라 움직이는 세상에서 타자에게 자신을 내어 주는 삶을 살려

면 고난을 수반할 수밖에 없다. 예수님은 다른 사람들을 살리기 위해 고난과 죽음으로 자신을 희생하셨다. 예수님의 삶은 타자를 위한 삶이었다. 예수님의 죽음은 타자를 위한 삶의 결단이었다. 성경은 예수님의 죽음이 우리의 죄를 대속하기 위한 죽음이라고 선포한다. "그리스도께서 하나님 곧 우리 아버지의 뜻을 따라 이 악한 세대에서 우리를 건지시려고 우리 죄를 대속하기 위하여 자기 몸을 주셨으니"(갈 1:4).

③ 우리를 위한 예수님의 고난과 죽음에는 하나님의 사랑이 담겨 있다. 예수님의 고난과 죽음은 하나님께서 우리 인간의 고난과 죽음의 현실을 방치하지 않으신다는 사실을 확증한다. 십자가는 하나님이 고난받는 우리와 함께 하시고 우리를 도우시는 분임을 보여 준다. "그가 시험을 받아 고난을 당하셨은즉 시험받는 자들을 능히 도우실 수 있느니라"(히 2:18).

④ 윤리적인 관점에서 볼 때 십자가는 우리가 본받아야 할 삶을 보여 준다. 십자가는 타자를 위한 삶, 하나님께 순종하는 삶을 살도록 촉구한다. 십자가는 불의와 억압에 저항하고 정의롭게 살기를 결단하는 삶, 가난하고 억압받고 고통 가운데 있는 사람들과 자신을 연대시키는 삶을 보여 준다.

[음부에 내려가사]

사도신경 최종본이나 대부분의 사도신경 번역에는 "십자가에 못 박혀 죽으시고" 다음에 "음부에 내려가사"라는 구절이 있다. 전 세계 대부분의 교회에서는 이 구절이 들어간 사도신경을 예배에서 사용한다. 그런데 한국 개신교회에서 사용하는 사도신경에는 이 구절이 생략되어 있다. '음부'는 죽은 자들이 거하는 영역을 말하는데, 예수님이 죽은 자들의 영역에 들어가셨다는 것을 뒷받침하는 구절은 베드로전서 3장 19절, 4장 6절, 요한계시록 1장 18절 등이다.

예수님의 음부행을 설명하는 방식은 크게 두 가지로 나눌 수 있다. 하나는 예수 그리스도께서 '승리자'로 음부로 내려가셔서 사탄의 세력을 정복하고 음부에 갇힌 성도들을 구하셨다는 전통적인 견해다. 다른 하나는 예수 그리스도께서 우리를 위해 이 땅에서만이 아니라 음부에까지 내려가셔서 고통을 당하셨다는 견해다. 주님이 우리 죄로 인하여 우리가 받아야 할 형벌을 받으셨고 감당하셨다는 것이다. 이런 의미에서 예수님의 음부행은 우리를 향한 하나님의 은혜의 급진성을 보여 주는 교리라고 할 수 있다. 이 구절에 담긴 의미를 정리하면 다음과 같다.

① 예수님은 우리가 처한 죽음의 운명에 완전히 참여

하셨다.

② 예수님은 죽음의 영역에서도 그분이 주님이심을 증명하셨다.

③ 예수님은 사탄의 대적하는 힘을 무너뜨리셨고 그 권세를 꺾으셨다.

④ 여기에 더하여 루터교 신학에서는, 예수님이 음부에 내려가신 것은 복음을 생전에 접해 보지 못한 사람들에게 구원의 최종적인 기회를 부여하기 위한 것으로 본다.

"장사된 지 사흘 만에 죽은 자 가운데서 다시 살아나셨으며"

예수님의 부활과 교회

기독교 복음은 그리스도의 십자가와 부활로 압축되며, 그 둘은 분리될 수 없는 관계 가운데 서로를 규정한다. 우리가 십자가를 말한다고 해서 부활 없는 십자가를 말하는 것이 아니듯이 부활을 말한다고 해서 십자가 없는 부활을 말하는 것이 아니다. 십자가는 부활로 완성되고 부활은 십자가를 전제한다. "예수는 우리가 범죄한 것 때문에 내줌이 되고 또한 우리를 의롭다 하시기 위하여 살아나셨느니라" (롬 4:25).

교회와 기독교 신앙의 중심은 십자가와 부활이다. 예수님이 부활하시지 않았으면, 십자가 사건은 어떤 선한 사람이 비극적인 죽음으로 생을 마친 것에서 끝나 버렸을 것이다. 예수님이 십자가에 못 박혀 죽으시고 장사된 다음, 예수님을 따르던 사람들은 두려움에 사로잡혔고 깊은 실망감에서 벗어날 수 없었다. 그러나 죽은 지 사흘 만에 부활하신 예수님을 목격한 사람이 있었고, 그 소식이 퍼져 나갔다. 예수님의 부활은 몇몇 목격자들의 놀라운 경험으로 끝나지 않았다. 예수님의 부활은 몇 가지 놀라운 역사적 사건으로 이어졌다.

① 교회가 생겨났다. 예수님의 부활 후 부활에 대한 확신에 기초한 성도들의 공동체인 교회가 생겨났다. ② 주님의 날, 주일이 생겼다. 한 주간의 첫째 날일 뿐인 일요일이 예수님의 부활을 기념하고 축하하는 날인 주일로 바뀌었다. ③ 예수님의 부활을 목격하고 경험한 제자들의 삶에 극적인 변화가 생겼다. 그들은 예수님의 십자가 죽음과 부활이 무엇을 의미하는지 알고 주님의 부활과 다시 오심을 선포하는 증인이 되었다.

예수님의 부활과 그리스도인의 삶

여기서 전제해야 할 것은 예수님의 부활은 이른바 소

생 혹은 환생과는 다른 사건이라는 점이다. 환생은 이 세상의 삶으로 복귀한 것이어서 다시 죽음의 운명에 얽매인다. 하지만 부활은 이 세상의 생명으로 되돌아온 사건이 아니라 하나님의 생명 안으로, 하늘나라의 삶으로 들어간 사건이다. 예수님의 부활이 우리의 믿음과 삶에 어떤 의미가 있는지 알아보자.

① 예수님의 부활은 하나님이 어떤 분인지 드러내었다. 하나님은 예수님을 죽은 자 가운데서 살리신 분이다. 하나님은 신실하시다. 하나님은 전능하시다. 하나님은 의로우신 분이다. 하나님은 사랑이시다. 하나님만이 무덤을 열 수 있고, 죽은 자에게 새 생명을 주실 수 있다. 부활을 통해 하나님은 구원의 역사 안에서 누구도 예상하지 못한 영광스러운 새로운 일을 시작하셨다.

② 예수님의 부활은 예수 그리스도가 진정 누구이며, 무슨 일을 이루셨는지에 대한 답을 보여 준다. 예수님의 부활은 그가 지신 십자가와 죽음이 제기하는 물음에 대한 답변이다. 하나님은 예수 그리스도를 버리지 않으셨고, 부활을 통해 그가 하나님의 아들이심을 선포하시고 그가 옳았음을 확증해 주셨다.

③ 예수님의 부활은 우리 인간의 운명에 관한 진리를 보여 준다. 예수님의 부활은 인간이 되신 하나님의 아들

의 부활이다. 그러므로 예수님의 부활과 올리우심에는 우리 인간도 포함된다. 예수 그리스도 안에서 인간은 하나님의 생명으로 고양(高揚)되었다. 장사된 지 사흘 만에 부활하신 예수님과 함께 인간의 새로운 이야기가 시작되었다. 바르트는 말한다. "만약 여러분이 부활절의 메시지를 들으셨다면, 여러분은 더 이상 비참한 얼굴을 하면서 돌아다닐 수 없으며 아무런 희망이 없는 멋없는 존재로 살 수도 없습니다."[25]

그러므로 우리는 우리에게 소망을 주신 하나님을 찬양하는 것이 마땅하다. 베드로전서는 우리에게 소망을 주신 하나님을 찬송하자고 한다. "우리 주 예수 그리스도의 아버지 하나님을 찬송하리로다. 그의 많으신 긍휼대로 예수 그리스도를 죽은 자 가운데서 부활하게 하심으로 말미암아 우리를 거듭나게 하사 산 소망이 있게 하시며 썩지 않고 더럽지 않고 쇠하지 아니하는 유업을 잇게 하시나니 곧 너희를 위하여 하늘에 간직하신 것이라"(벧전 1:3-4).

④ 예수님의 부활은 하나님의 '새로운 창조'가 역사 속으로 뚫고 들어온 종말론적 사건이다. 예수님의 부활은 만물을 새롭게 하시는 하나님의 새로운 미래 시간의 시작이다. 예수님의 부활은 어쩌다 한 번 일어난 우연한 사건이 아니다. 그분의 부활은 하나님의 약속의 성취이며, 아담 이후

죽음이 주인 행세를 하던 인류 역사에 전환점이 되었다. 다시 사신 예수님과 함께 새 창조가 도래했다. 그래서 죄에 매여 죽을 수밖에 없는 인간에게 '사망의 쏘는 것'이 더 이상 옥죄지 못하는 새로운 시간이 열린 것이다. 예수님의 부활과 함께 '죽음으로 향하는 존재'로서의 인간 역사가 끝나고, '생명의 부활로 향하는 존재'로서의 인간 역사가 시작되었다.

⑤ 예수님의 부활은 우리가 주님과 함께 새 생명의 삶을 살아가야 함을 일깨워 준다. 이제 우리는 영원한 새 생명의 약속을 받은 사람답게 살아야 한다. 우리는 더 이상 죽음의 권세 아래 있는 존재가 아니다. 그러므로 우리 입에는 한숨과 탄식 대신에 부활의 노래가 있어야 한다. 불의, 독재, 거짓, 폭력을 거부하고 정의와 자유, 진실과 평화를 추구해야 한다. 더 정의롭고 평화로운 세상을 위한 우리의 사랑, 헌신, 섬김은 구원을 얻기 위한 노력이 아니다. 그런 것들은 부활의 새 생명을 가진 자로서 살아가는 삶의 방식이다.

"하늘에 오르시어 전능하신 아버지 하나님 우편에 앉아 계시다가"

사도신경은 십자가에 달리신 하나님의 아들이 장사되어 죽음의 자리인 음부에까지 내려가셨다고 고백한다. 그러나 거기서 그치지 않고 죽음을 이기고 부활하신 예수님은 승천하셔서 성부 하나님 오른편에 계신다(막 16:19; 행 7:55; 롬 8:34; 엡 1:20; 히 1:3; 벧전 3:22). 물론 이런 구절들을 읽을 때 물리적 하늘이나 좌우 개념을 지나치게 문자적으로 해석할 필요는 없다. 성경이 말하는 음부로 내려가거나 하늘로 올라감은 우주론적 개념 또는 지리적 위치의 언어가 아니라, 종교적 진리를 가리키는 언어다. 예수님이 음부로 내려가셨다는 것은 예수 그리스도께서 인간과 연대하시고, 인간의 가장 어두운 삶의 부분까지 경험하셨음을 의미한다.

예수님이 부활을 통해 죽음의 속박에서 풀려나셨으며 이제 하늘로 오르셨다는 것은, 부활하신 예수 그리스도께서 아버지 하나님과의 친밀한 관계 속에서 하나님의 능력과 영광에 참여하셨음을 의미한다. 고대 사회에서 '오른편'은 존경하는 분의 명예, 권위, 영광, 다스림을 상징하였다. 그런데 그리스도가 있는 하나님 우편은 단순히 명예와 권위를 드러내는 자리가 아니다. 그 자리는 인간을 자신의 생명 속으로 맞이하시려고 하나님께서 우리를 위해 열어 두신 공간이다.

그리스도는 이제, 인간성의 담지자로서, 우리의 대표자로서, 하나님이 계시는 곳에서, 하나님이 계시는 방식으로 존재하십니다. 우리의 육체, 우리의 인간 본성이 그분 안에서 하나님께로 높아졌습니다. 그의 사역의 마지막은 우리가 위에 있는 그분과 함께 있는 것입니다. 우리는 그와 함께 하나님 곁에 있습니다.[26]

그러면 예수님의 승천은 우리 그리스도인들에게 어떻게 살 것을 말씀하는가? 예수님의 제자들은 예수님이 하늘로 올라가셨다는 사실에 압도된 채 그저 가만히 서 있지만은 않았다. 오히려 제자들은 자기들이 감당해야 할 일이 있다고 자각했다. 제자들은 말과 행위로 사람들에게 복된 소식을 전했다.

인류의 대표자로서 예수 그리스도는 우리의 영원한 중보자가 되시며, 영원한 대제사장이 되신다. 그분은 인간으로서 모든 아픔을 겪으셨고, 죽음의 세계까지 경험하셨기 때문에 우리의 정제되지 않은 욕망과 감정에서 나온 기도까지 자신의 언어로 삼아 우리를 위해서 간구하신다. "누가 정죄하리요? 죽으실 뿐 아니라 다시 살아나신 이는 그리스도 예수시니 그는 하나님 우편에 계신 자요 우리를 위하여 간구하시는 자시니라"(롬 8:34, 참고. 히 7:25). 우리의 영원한 중보자이신 예수 그리스도가 계시기에 우리는, 어떻게 기도해야 할지도 모르고 때로 실패할지라도 하나님께 용납되

고 그분의 사랑에서 끊어지지 않으리라는 확신을 갖고 살
수 있다.

"거기로부터 살아 있는 자와 죽은 자를 심판하러 오십니다"

이 신앙 조항은 예수 그리스도께서 재림하실 때 우리
의 운명이 어떻게 되는지에 대해서 고백한다. 그러나 재림
과 그 후에 벌어질 일에 대해서 사도신경은 자세히 말하지
않는다. 그리고 성경 자체도 재림에 관하여 명료하고 구체
적인 가르침을 주지 않는다. 그래서 교회 역사를 보면 수많
은 이단과 사이비 종파들이 등장하여 신자들을 미혹하고
교회를 어지럽혔다. 그러다 보니 교회는 재림에 대하여 섣
불리 말하지 않기를 권장하였고, 재림 신앙과 무관한 신앙
이 건강한 신앙으로 인정받게 되었다. 그 결과 현대 교회는
재림 신앙을 상실한 교회가 되었다.

그러나 예수님이 부활 승천하신 이후 초대교회 신자들
에게 주님의 재림에 대한 기대는 삶의 원동력이자 위로의
원천이었다. 그런 신앙을 이어받아 교회는 사도신경에 주
님의 재림에 대한 믿음을 담아 놓았다.

예전에는 "저리로서 산 자와 죽은 자를 심판하러 오시

리라"라고 번역되어 '저리로서'가 무슨 뜻인지 모호했다. 그래서 새번역은 '거기로부터'라고 이해하기 쉽게 바꾸었다. 그러면 '거기'는 어떤 곳인가? 거기는 성부 하나님의 오른편이며 성육신하신 하나님의 아들에게 속한 '신비'의 공간이다. 거기는 우리의 예측과 기대를 넘어서는 방식으로 하나님의 사랑이 악과 죄로부터 승리한 곳이다.

사도신경은 거기로부터 주님이 살아 있는 자와 죽은 자를 심판하러 오신다고 고백한다. 예수 그리스도는 인류의 죄를 위해 십자가를 지신 구원자이지만, 죄에 대해 판결하고 심판을 내리시는 분이기도 하다. 그런데 우리는 심판을 하러 오시는 분이 우리를 위해 십자가를 지신 사랑의 주님, 예수 그리스도임을 알고 있다.

우리는 주님의 심판에 대하여 다음 세 가지를 유념해야 한다.

① 우리는 모두 죄인이며, 하나님의 심판을 받아야 한다. "우리가 다 하나님의 심판대 앞에"(롬 14:10) 서게 될 것이다. "이는 우리가 다 반드시 그리스도의 심판대 앞에 나타나게 되어 각각 선악 간에 그 몸으로 행한 것을 따라 받으려 함이라"(고후 5:10).

② 우리를 심판하는 분은 낯선 분이 아니라 바로 이 세상에 오셔서 우리를 위해 십자가에 달리시고 부활하신 주

님이시다. 우리가 지금은 은혜롭고 용서하는 주님을 믿지만, 다시 오실 분은 냉혹한 주님, 복수하기 위해 오는 심판자로 생각하는 경향이 있다. 하지만 아니다. 주님의 심판을 분노와 복수심으로 가득한 응징행위로 오해하면 안 된다. 하나님은 우리가 지은 죄에 대해 복수하려는 뜻을 갖고 심판하지 않으신다. '지금 여기서' 죄인인 우리를 의롭다고 여기시는 하나님의 은혜가, 그때 거기로부터 오신 주님의 심판 때에 적용되지 않는다면 누구도 무서운 심판의 결과를 피할 수 없을 것이다.

③ 지금이나, 주님이 다시 오실 때나, 심판의 기준은 예수 그리스도 안에서 결정적으로 나타난 하나님의 사랑이다. '주여 주여'라고 주님을 열렬히 불렀는지에 따라 심판받는 것도 아니고, 정통 교리를 받아들였는지에 따라 심판받는 것도 아니다. 우리가 대답해야 할 질문은 이것이다. "하나님께서 풍성하게 주신 그 은혜에 응답하여 우리도 다른 사람에게 은혜와 자비를 베풀었는가, 아니면 오직 나 자신만을 사랑했는가?" 우리의 삶이 측정되는 기준은 "하나님의 은혜에 대한 단순한 신뢰, 주님의 아가페적 사랑에 대한 자발적인 응답, 가난하고 병들고 버림받은 사람들을 향한 섬김"이다.[27]

4

—

성령 하나님

기독교는 하나님이 우리 위에(over us) 계시고, 우리를 위하여(for us) 계실 뿐 아니라, 우리 안에서(in us) 일하시는 삼위일체 하나님을 믿는다. 사도신경은 성부 하나님과 성자 예수 그리스도에 대한 신앙을 고백한 다음에 성령 하나님을 믿는다고 고백한다.

"나는 성령을 믿으며"

성부 하나님과 성자 예수 그리스도에 대한 신앙고백과 달리 사도신경에는 성령에 대해서는 구체적인 내용이 없다. "나는 성령을 믿으며", 이것으로 끝이다. 나는 성령을 어떤 분으로 믿는다는 것인가? 그래도 한 가지는 분명히 알 수 있다. 성령은 성부와 성자와 함께 우리 믿음의 대상이라는 것이다.

성부 하나님과 성자 예수 그리스도를 믿는다고 했듯이, "나는 성령을 믿습니다"(*Credo in Spiritum Sanctum*)라고 고백할 때 라틴어 'in'을 사용했다. 그러나 계속해서 이어지는 교회에 대한 고백에서는 "*Credo ecclesiam*"이라고 할 뿐 'in'이 사용되고 있지 않다. 이 점을 신학자 폰 발타사르는 이렇게 설명한다.

> "나는 성령을 믿는다"(*Credo in Spiritum Sanctum*)는 표현에서 라틴어 전치사 in은 목적 자체로, 최종적으로 그분을 향한 믿음을 말한다. 이 말은 성령의 거룩함과 구원의 신비에 나 자신을 맡긴다는 의미이다. 비인격적인 것은 하나님 안에 존재할 수 없다. 따라서 우리 안에 일종의 비인격적 권능이 아니시면서(성령), 또한 아버지와 아들과 다른(요 14:16) 분이 작용하신다.[28]

그러므로 "나는 성령을 믿으며"라는 부분에서 숨도 안 쉬고 그냥 외우고 지나가지 말고, 발타사르가 가르쳐 주었듯이 "성령의 거룩함과 구원의 신비에 저 자신을 맡깁니다"
라는 마음으로 고백하면 좋겠다.

성령에 대한 고백이나 설명이 부실한 것은 대부분의
신앙고백과 신조도 마찬가지다. 그나마 381년에 채택된
〈니케아-콘스탄티노폴리스 신조〉에는 성령에 대한 고백이
비교적 구체적으로 드러나 있다.

> 우리는 주님이시며, 생명을 주시는 성령을 믿습니다. 성
> 령은 성부로부터 나오시어, 성부와 성자와 더불어 예배와
> 영광(경배, 흠숭)을 받으시고, 예언자들을 통하여 말씀하
> 십니다.

여기서 우리는 성령에 대한 '교회의 신앙'이 무엇인지
진전된 내용을 들을 수 있다. ① 성령은 성부와 성자처럼
주님이시다. 즉 성령은 단순히 보이지 않는 힘이나 영향력
이 아니라 '하나님', '주님'이시다. ② 성령은 생명을 주시는
분이다. ③ 성령은 성부 하나님으로부터 나오시는 분이다.
④ 주님이신 성령은 성부와 성자와 더불어 우리의 예배와
높임을 받으시기에 합당하신 분이다. ⑤ 성령은 예언자들
을 통하여 말씀하시는 분으로 하나님의 뜻을 알려 주시는
분이다.

교부 바실리우스는 《성령론》을 써서 성령에 대한 이해에 깊이를 더해 준 인물이다. 그는 우리가 직접 알 수도 없고 다가갈 수도 없는 하나님께 나아갈 수 있도록 그리스도께서 '하나님께 향하는 길'이 되셨다고 하였다. 그는 덧붙이기를, 그리스도께서 하나님께 이르는 길인 것처럼 성령은 '그리스도께 이르는 길'이라고 하였다. 그래서 성령이 없이는 그리스도에 대한 신앙을 고백할 수 없다고 하였다.[29]

다니엘 밀리오리는 '성령의 사역'을 다음과 같이 정리한다.[30]

① 성령은 그리스도를 신자들에게 다시 임재하도록 (re-present) 만드신다. 성령은 신자들에게 거기 계신 그리스도를 현재 우리에게 임하게 하신다. 거기에 있었던 사건을 오늘 여기의 사건으로 만든다. 칼뱅이 지적했듯이 우리가 '그리스도와 그의 혜택을 경험하게 되는 것'은 '성령의 능력'을 통해서다.

② 성령은 생명을 부여하며 새로운 삶을 창조하신다. 세계의 창조 때에 활동하셨던 성령은 우리에게 새로운 생명을 주신다. 즉 우리를 거듭나게 하신다.

③ 성령은 우리를 자유롭게 하신다. "주는 영이시니 주의 영이 계신 곳에는 자유가 있다"(고후 3:17)라고 하셨듯이, 성령은 불의에 저항하는 힘을 주시며 사람들을 자유롭게

하신다. 성령은 하나님과 이웃과의 교제 가운데 새롭고 풍성한 삶을 살 수 있는 자유를 주신다.

④ 성령은 공동체를 이루는 일을 하신다. 삼위일체 안에서 성령이 성부와 성자를 이어 주는 사랑의 끈이듯이 성령은 우리를 그리스도와 하나가 되게 하고, 우리 사이에 교제를 가져오게 하신다. 그리스도를 머리로 하는 새로운 공동체인 교회는 성령의 역사 가운데 생겼다. 성령은 다양한 은사를 통해서 교회를 세우시고 공동의 선을 위하여 일하게 하신다.

⑤ 성령은 하나님이 약속하신 미래의 능력으로서, 하나님의 구속 사역이 완성되고 모든 창조 가운데 정의와 평화가 실현될 것을 희망하고 고대하게 하며 현실에 안주하는 것을 거부하도록 하신다.

이상의 내용을 볼 때, "나는 성령을 믿으며" 다음에 나오는 신앙고백의 내용, 즉 "거룩한 공교회와 성도의 교제와 죄를 용서받는 것과 몸의 부활과 영생"에 대한 믿음은 성령의 사역과 뗄 수 없는 관계에 있음을 알 수 있다.

성령과 교회

"거룩한 공교회와 성도의 교제"

성령은 태초에 하늘과 땅이 창조될 때부터 역사 속에
서 활동하시지만, 특별히 예수 그리스도의 부활을 계기로
교회 안에서 그리고 교회를 통해서 활동하신다. 교부들은
성령을 성부와 성자를 이어 주는 끈이라고 이해했으며, 교
회와 주님을 이어 주는 역할을 한다고 보았다. 그런 의미에
서 성령은 하나의 신적(神的) 결속이다. 성령은 교회와 주님
을 연결해 신자의 공동체인 교회를 주님의 몸이 되게 하신
다. 성령은 신자들로 하여금 그리스도의 지체들이 되게 함
으로써 교회를 만드시는 분이다.[31] 성령은 그리스도의 몸인
교회에 거하신다(엡 2:22). 교회 안에서 성령은 그리스도를
'현재화'하고, 교회가 그리스도의 사역에 '참여'하게 하심으
로써 그리스도의 사역을 역사 속에 실현한다. 예수 그리스
도를 믿는 일은 여러 세기에 걸쳐 이어져 온 교회 안에 소속
되고 교회의 일원이 되는 것을 의미한다.

바르트는 교회에 대해서 많은 말을 하지 말자고 하면
서 "우리가 교회가 됩시다!"라고 한다.[32] 교회는 사람들이
결정하여 존재하는 모임이 아니다. 교회는 성령의 사역에

의하여 함께 하나님의 부르심을 받은 사람들의 모임이다.

그러면 '교회를 믿는다'(*Credo ecclesiam*)는 것은 무슨 뜻인가? 교회를 신앙의 대상으로 믿는다는 것이 아니라, 교회라고 하는 가시적인 모임 속에서 성령의 사역이 일어나고 있음을 믿는다는 것이다.

거룩한 공교회

교회에 대한 믿음 고백은 우리의 신앙을 지탱해 줄 토대가 필요함을 인정하는 것이다. 〈니케아-콘스탄티노폴리스 신조〉는 '하나의, 거룩한, 보편적, 사도적 교회'를 믿는다고 고백한다. 그러나 〈사도신경〉에서는 '거룩한 공교회'를 믿는다고 함으로써 교회의 특성을 '거룩성'과 '보편성' 두 가지로 압축하고 있다.

거룩한 교회

사도신경은 '거룩'이라는 용어를 사용하여, 교회는 세상으로부터 구별된다는 점을 드러낸다. 현대인은 '거룩'이라는 말을 듣는 순간 흥미를 잃어버린다. 어떤 사람은 교회가 거룩하다는 말을 듣자마자 따분하고 잘난 체하는 사람들이 가득한 모임을 연상한다. 교회의 거룩함을 우리는 어떻게 이해해야 할까?

① 교회가 거룩한 것은 세상의 다른 공동체보다 교회가 본질적으로 의롭거나 도덕적으로 완전하기 때문이 아니다. 교회가 거룩한 것은 성령의 은혜로 죄 사함을 받았기 때문이다. 교회가 거룩한 것은 자신의 경건한 노력으로 거룩한 공동체가 되었기 때문이 아니다. 교회는 거룩하신 하나님의 활동에 참여하도록 하나님이 특별히 구별하여 불러 주셨기 때문에 거룩하다.

② 교회는 하나님의 거룩한 사랑에 참여함으로써 거룩한 교회가 된다. 하나님의 사랑이 거룩한 것은 죄인을 멀리하기 때문이 아니라 그들을 받아 주시기 때문이다.

③ 교회가 거룩한 것은 거룩하신 하나님의 뜻을 따라 정의를 추구하고 불의에 맞서는 공동체가 되어야 하기 때문이다. 교회는 선하게 살아갈 뿐 아니라 불의를 비판하고, 약하고 소외된 사람들과 연대해야 한다. 교회는 자기중심적이고 소비주의적인 삶의 양식에 저항하고, 단순하고 포용적인 삶의 양식을 추구하는 공동체가 되어야 한다.

공(보편적)교회

사도신경에서 '거룩한 공교회'를 믿는다고 했을 때 '공' (公)은 그리스어로 '카톨리코스'(*katolikos*), 라틴어로 '카톨리쿠스'(*catholicus*)이고, 영어로는 '카톨릭'(catholic)이라고 번역한다. 천주교회가 자신들을 '가톨릭교회'(catholic church)라고 부르기 때문에 우리나라 개신교 사도신경에서는 '가톨릭교회'라는 말 대신에 보편적 교회라는 뜻이 담긴 '공교회'라는 단어를 쓰고 있다.

거룩한 교회는 세상과 금을 긋고 분리된 집단이기를 고집하지 않는다. 오히려 교회는 이 세상을 향하여 오신 예수님처럼 세상을 향해 나아가는 하나님의 전위대(前衛隊)다. 그러기에 세상을 향해 자신을 열어야 하는 교회는 보편성을 지닌다.

그러면 교회가 '공교회', 다시 말해 '보편적 교회'라는 것은 어떤 뜻이 있는가?

① 교회가 보편적이라는 말은 교회가 모든 계층, 인종, 성을 포용하는 공동체라는 의미다. 교회는 특정한 민족이나 문화만을 수용하는 배타적인 공동체가 아니다.

② 교회가 보편적이라는 말은 교회의 가르침이 보편적인 타당성과 유효성을 지니고 있음을 의미한다. 그러므로 교회는 죄인의 구원과 그리스도인의 삶에 필요한 모든 것을 가르쳐야 하고, 그 가르침이 시공간의 한계를 넘어서 '누구에게나' 전달되어야 한다고 믿는다. 교회의 가르침이 모든 사람에게 보편적으로 전달되어야 한다는 것은 부활하신 주님이 제자들에게 분부하신 말씀에서도 확인할 수 있

다. 주님은 제자들에게 말씀하셨다. "그러므로 너희는 가서 **모든 민족**을 제자로 삼아 아버지와 아들과 성령의 이름으로 세례를 베풀고 내가 너희에게 분부한 모든 것을 가르쳐 지키게 하라"(마 28:19-20).

교회가 세상에 영합하여 타락하는 것을 경계하는 말이 '거룩성'이라면, 교회가 폐쇄적인 자기중심적 집단으로 전락하는 것을 거부하는 말이 '보편성'이다. 교회는 거룩한 공동체이지만 동시에 보편적인 공동체가 되어야 한다. 교회가 거룩성을 포기하고 보편성만을 추구할 때 교회는 세속화될 것이며, 보편성을 외면하고 거룩성만 추구하면 바리새주의로 전락할 것이다.[33]

성도의 교제

신약성경의 기자들은 '교회'라는 용어를 쓸 때 건물을 염두에 두고 사용한 적이 없다. 예를 들어, 바울이 고린도서나 갈라디아서를 보냈을 때 그 편지의 수신자는 한 무리의 사람들이었다. 교회는 어떤 장소가 아니라 믿음과 순종 가운데 계속 전진하는 신자의 무리를 가리킨다.

이런 성경의 가르침을 따라 사도신경은 교회론의 핵심을 '성도의 교제'라는 용어로 표현한다. 그런데 그 용어 '상토룸 코뮤니오'(*sanctorum communio*)는 라틴어 문법상 '거룩한 것들의 나눔'과 '성도의 교제' 모두를 의미할 수 있다. 다시 말하면, 교회는 거룩한 성찬과 거룩한 은사에 참여하고 나누는 공동체이며 성도들 사이에 이루어지는 교제와 사귐이다.

〈하이델베르크 교리문답〉 55번은 "성도가 서로 교제하는 것을 어떻게 이해하십니까?"라는 질문에 대하여 위에 말한 두 의미를 모두 담아 대답하도록 가르친다. "첫째, 그리스도의 지체인 모든 한 사람 한 사람의 신자들은 그리스도와 그리스도의 보배와 은사들에 참여한다는 것입니다. 둘째, 각 사람은 다른 지체들의 유익과 복지를 위하여 자신의 은사를 신속하고도 즐겁게 사용하도록 연결되어 있음을 느껴야 한다는 것입니다." 즉 교회는 성례전 및 성령의 은사들을 공유하는 공동체이자 이를 중심으로 성도 간에 교제하는 공동체다.

그런데 우리가 알아야 할 것은 성도의 교제인 교회는 원천적으로 주님이신 그리스도와의 교제에 근거한다는 사실이다. 그리스도와 교제함으로 누리는 주님의 은혜를 성도들이 서로 나눔으로써 성도의 교제가 이루어지는 것이다. 그러므로 모든 성도는 자신들의 머리이신 그리스도의 영광을 위하여, 전체 몸의 성장과 각 지체의 구원을 위하여 서로 협력하고 헌신할 의무가 있다.

'성도의 교제'가 사도신경에 들어 있는 것은 홀로 존재하는 '개인'으로서의 신자는 존재하지 않음을 알려 준다. 동시에 '성도의 교제'는 성도의 개별적인 인격을 전제하는 만큼 집단의 힘으로 성도 개인의 고유함을 뭉개 버리면 안 된다는 것을 가리킨다. 현실에서는 개별적 인격과 전체로서의 집단이 완전히 조화를 이루는 공동체를 찾기 힘들다. 그래서 우리는 세 인격의 '구분됨' 속에서 사랑으로 '하나'를 이루신 삼위일체 하나님의 교제를 교회의 공동체적 모델로 생각한다. 밀리오리는 삼위일체론과의 밀접한 관계 속에서 교회론이 전개되어야 한다면서 다음과 같이 말한다.

> 삼위일체론에 따르면, 하나님의 본성은 공동체적이며, 하나님이 세상을 창조하고 화해한 목적은 하나님과 피조물 사이에 보다 깊은 교제의 공동체를 이루기 위함이다. 교회는 이러한 삼위일체 하나님의 이름과 능력 안에서 섬기는 사역을 감당하기 위하여 세계 안에서 지어지고 세계로 보내어진 공동체다. 교회가 자신의 존재와 선교에 충실할 때, 교회는 하나님이 가진 다양성 안의 하나됨(unity in diversity)에 상응하는 모습을 이 땅에 드러낼 것이며, 삼위일체 하나님의 교제의 특징이 되는 타자를 향한 포용적인 사랑을 보여 줄 것이다.[34]

'성도의 교제'에 대해서 알아야 할 것이 한 가지 더 있다. '성도의 교제'는 지금 나와 함께 신앙생활을 하는 사람들뿐 아니라 전 세계의 성도, 더 나아가 이미 죽은 사람과 앞으로 태어날 사람을 아우르는 포괄적인 교제임을 기억해야 한다.

"죄를 용서받는 것"

사도신경은 '죄를 용서받는 것'을 믿는다고 함으로써 예수 그리스도께서 십자가에서 이루신 일에 대한 이해를 압축적으로 제시한다.

① 그리스도인은 죄를 용서받은 사실을 바탕으로 하나님의 은혜에 감사하며 더 나은 그리스도인으로 성장해야 한다. '죄를 용서받는 것'을 믿는다는 것은 우리가 구원을 받아야 할 존재임을 인정하는 것이다. 동시에 우리가 '죄를 용서받은 것'을 믿는다는 고백은 내가 하나님의 은혜 안에 들어와 있다는 고백이요, 내가 그리스도인이 되었다는 것을 확인하는 것이다. 그리스도인의 길은 죄 용서에서 시작하여 육체의 부활과 영생으로 나아간다.

② 용서는 하나님과 함께하는 새로운 삶으로 나아가는 첫걸음이요, 다른 사람과 새로운 출발을 시작하는 발걸

음이다. 주님은 우리에게 "우리가 우리에게 죄 지은 사람을 용서하여 준 것같이 우리의 죄를 용서하여 주시기"를 기도하라고 하셨다(마 6:12, 새번역). 다른 사람을 용서하기를 거부하는 것은 주님이 주시는 사죄의 은총에서 이탈하는 것이며, 다른 사람과 새로운 관계 맺음을 차단하는 것이다.

사람이 있는 곳에는 어디나 갈등과 분열과 폭력이 있다. 교회 밖에서뿐만 아니라 교회 안에서도 죄의 중력이 작용하고 있다. 죄 용서가 없다면 우리는 하나님과의 관계에서도, 다른 사람과의 관계에서도 밑으로 가라앉아 더 나은 미래를 향하여 나아갈 수 없다. '죄를 용서받음'은 하나님의 은혜를 감사히 받는 것이요, 우리의 미래가 죄의 권세 아래 계속 매여 살도록 닫혀 있는 게 아님을 고백하는 것이다.

③ 교회는 교회 내적으로 서로 용서하고 사랑하며, 외적으로는 평화와 화해의 촉매제가 되어야 한다. 하나님이 우리를 폭력적 세상에서 불러내어 교회를 이루게 하신 이유는 단지 우리끼리 용서하고 사랑이 넘치는 공동체를 만들기 위함이 아니라 우리를 다시 깨어진 세계로 보내어 인류가 더 풍성하고 평화롭게 살아가도록 하기 위함이다.

구원이 무엇일까?

기독교 신앙은 구원을 중요하게 생각한다. 사람들은 구원을 받기 위해서 예수님을 믿는다고 한다. 그런데 정작 사도신경에는 그처럼 중요한 구원에 대한 내용이 없다. 사도신경은 구원이 무엇이라고 규정하지도 않고, 우리가 어떻게 해야 구원을 받을 수 있는지에 대해서도 말하지 않는다. 그렇지만 우리는 마지막 구절, "죄를 용서받는 것과 몸의 부활과 영생을 믿습니다"라는 구절을 주목해야 한다. 그 구절은 구원이 무엇인지, 구원의 목표가 무엇인지 우리에게 생각할 단초를 제공한다.

'죄를 용서받는 것'은 서방교회(로마 가톨릭교회와 개신교회)의 구원에 대한 이해와 연결된다. 로마 가톨릭교회는 구원이란 '죄를 지은 인간이 하나님으로부터 의롭다 하심을 받음으로 영원한 형벌을 면하는 것'이라고 가르쳤다. 그리고 인간이 죄를 용서받고 의롭다 하심을 받기 위해서는 고행, 금욕, 공덕 등이 필요하다고 가르쳤다.

종교개혁자 루터 역시 구원이란 '죄를 용서받고 하나님으로부터 의롭다 하심을 받는 것'으로 이해했다. 다만 로마 가톨릭교회와 달리 우리가 죄를 용서받아 구원을 받기 위해서는 인간의 선행이나 노력이 아니라 하나님의 은혜와 하나님에 대한 믿음이 중요하다고 주장했다. 이처럼 서방교회 구원론의 핵심은 예수 그리스도의 십자가 죽음이 갖는 죄 용서에 모아지고 있다.

'몸의 부활과 영생'은 동방정교회의 구원론과 연결된다. 로마 가톨릭교회와 개신교회가 구원을 죄의 용서와 의롭게 됨으로 이해했다면, 동방정교회는 구원을 '인간이 죽음의 운명을 벗어나 하나님의 영원한 생명에 참여하는 것'으로 이해했다.

그러나 생각해 보건대, 앞서 말한 동방교회와 서방교회의 구원에 대한 이해가 틀린 것은 아니지만 구원에 대한 이해는 좀 더 확장되어야 한다. 구원에 대한 이해는 인간의 필요에 머물지 말고 삼위일체 하나님의 본성과 의도와 사역을 중심으로 확장되어야 한다. 구원의 가능성과 목표는 삼위일체 하나님과 연결 지어 이해해야 한다.

구원의 목표와 가능성

구원의 목표: 죄를 용서받는 것이 구원의 최종 종착지가 아니다. 죄를 용서받는 것은 죄로 인해 멀어졌던 하나님과의 관계를 회복한다는 점에서 매우 중요하지만, 거기에서 더 나아가야 한다. 구원은 인간이 죄를 짓기 이전 아담의 상태로 회귀하는 것이 아니라 하나님이 기대하시는 성취에 이르는 것이다. 이레니우스가 볼 때 구원이란 하나님이 기대하시는 성숙에 이르는 것이었다.

삼위일체론과 관련지어 말한다면 구원의 목표는 삼위일체 하나님의 사랑의 사귐에 함께 참여하는 것이다. 구원은 하나님의 사랑에 안기는 것이다. 이것을 동방교회 교부들은 신화(神化, theosis, deification)라는 말로 표현하였다. 신화는 창조될 당시 인간에게 기대되었던 성취에 이르는 것으로서 하나님의 영원한 성품에 참여하는 것이다(벧후 1:4).

구원의 가능성: 구원은 인간의 노력에 달린 것이 아니다. 구원의 가능성은 사랑의 사귐 가운데 계신 하나님의 존

재 자체에 있다. 즉 삼위일체 하나님의 성품 자체가 인간의 신화(神化)를 허용할 뿐 아니라 장려한다. 사랑이신 하나님은 자신과 다른 존재를 허용하고 받아들이신다. 그래서 죄로 인하여 하나님을 떠난 인간이 다시 하나님께로 나아갈 수 있는 길이 열렸다. 할렐루야!

구원의 길: 구원을 향한 길은 그리스도 안에서 하나님과 인간이 일치에 이른 위대하고 놀라운 사실에서 출발한다. 구원의 출발 지점은 예수 그리스도의 성육신이다. 사람의 몸을 입으신 그리스도 안에서 인간이 하나님과 연합할 수 있는 길이 열렸다. 그리스도의 탄생과 함께 인간의 삶은 새로운 품질, 새로운 염색체를 갖게 되었다. 성육신으로 하나님과 인간의 친교가 회복되었는데, 그래서 하나님과 인간의 관계는 죄를 범하기 전 아담과 하나님의 관계보다 더 견고해졌다. 예수 그리스도는 하나님과의 사귐이라는 구원의 목표에 이르는 길이요, 진리요, 생명이다.

구원의 길은 예수 그리스도를 통해서 성령으로 이어진다. 성령의 역할은 성부 하나님이 정하시고, 성자 그리스도가 이루어 놓은 구원을 우리에게 매개하고 적용하는 것이다. 성자 예수 그리스도는 십자가의 죽음과 부활을 통하여 인간이 구원을 성취할 수 있는 길을 실현하셨다. 그런데 성자 예수께서 우리를 위해 이루신 구원의 현실을 우리에게 전달해 주시는 분은 성령이시다. 예수 그리스도를 통해서 객관적으로 이루어진 구원의 사역은 성령에 의하여 완성되며, 모든 그리스도인의 삶에 적합하게 된다.

전통적인 개신교의 구원론은 하나님과의 관계에서 인간이 어떻게 의롭다고 인정받을 수 있는가에 집중함으로써 삼위일체 하나님의 성품과 인간에 대한 하나님의 기대와 관심을 충분히 연결시키지 못했다. 구원의 근거와 목표, 그리고 구원의 가능성은 삼위일체 하나님과 관련지어 이해해야 한다.

구원이란: 삼위일체 하나님과의 사귐에 들어가는 것이다. 그것은 우리가 이 땅에서 현실적으로 누리는 것이지만, 동시에 궁극적으로 삼위일체 하나님의 사랑의 사귐 가운데 들어가기를 희망하는 목표로 우리 앞에 있다. 구원은 사랑의 사귐 가운데 계신 하나님의 생명에 참여하는 것이다. 그것이 영생이다. 영생에 이르기를 원하는 그리스도인은 삶에서 삼위일체 하나님의 사랑과 사귐을 반영하며 살아야 한다.

함께 누리는 구원: 구원은 어떤 사람을 멸망받을 사람들 속에서 골라내는 것이라기보다 다른 피조물과 함께 사랑이신 하나님의 풍요로운 관계에 참여하는 것이다. 구원받은 사람은 그 풍요로운 관계에 참여한 무수한 사람과 함께 삼

위일체 하나님이 누리는 사랑의 사귐 가운데 들어간다. 구원은 공동체성을 함축하며, 사랑 안에서 목표에 이르는 구원 역시 공동체성과 사귐을 떠나서는 생각할 수 없다.

　구원은 이 세상에서 사랑을 누릴 뿐만 아니라, 삼위일체 하나님 안에서 영원토록 사랑을 누리는 것이다. 그것이 어떤 상태인지 확실히는 알 수 없지만 지금 누리고 있는 것을 통해 희미하게나마 짐작할 수 있다.

몸의 부활과 영생

"몸의 부활과 영생을 믿습니다"

'몸의 부활'과 '영생'은 종말에 대한 그리스도인의 희망을 대표한다. 사도신경은 그리스도인의 희망을 부활의 첫 열매인 예수 그리스도를 따라 부활하는 것과 그분을 통해 선물로 주어지는 영생을 누리는 것으로 표현한다.

전통적으로 신자들은 이 세상에서 죄를 용서받고 구원을 얻어 죽은 후에는 천국에 들어가게 될 것을 기대한다. 천국은 초대교회 이후 지금까지 교회 안에서 계속되는 희망의 내용이었다. 그러나 사도신경은 우리가 기다리는 종말론적 희망을 내세에서 누릴 천국의 복락으로 표현하지 않는다.

이슬람과 대중 영합적인 종교들은 대체로 종말론적 희망을 내세에서 누릴 천국에 집중한다. 그래서 천국에 대해 자세하고 생생하게 묘사한다. 천국에는 시내가 흐르고 우유와 술과 꿀과 과일이 풍성하고, 심지어 순결한 여인이 우리를 맞이하려고 기다리고 있다고도 설명한다.

이에 반하여 신약성경은 천국을 구체적이고 감각적인 이미지를 사용하여 자세하게 묘사하지 않는다. 천국을 이 세상에서 사람들이 바라는 풍요롭고 달콤한 세상으로 묘사하는 것은 인간이 기대하는 최상의 세상에 대한 투사일 뿐이다. '천국에 대한 묘사가 너무 화려하여 거기에 마음이 쏠리면 하나님보다 우리가 누릴 것으로 기대되는 풍요와 달콤함에 대한 기대가 사람들의 마음을 지배할 것'이다.[35]

그리스도인의 소망은 살아 계신 하나님의 신실하심과 사랑에 근거한다. 그리스도인은 사랑의 주님과 함께 있게 될 것을 기대하고 기뻐한다. 하나님의 사랑을 믿고 의지했던 옛 성도는 이렇게 노래하였다. "깨어나서 주님의 모습 뵈올 때에 주님과 함께 있는 것만으로도 내게 기쁨이 넘칠 것입니다"(시 17:15, 새번역). 살아 계신 하나님께 소망을 두는 사람은 이 땅에서 기울이는 모든 수고가 헛되지 않다고 믿는다. "우리가 모든 사람 특히 믿는 사람의 구주이신 살아 계신 하나님께 소망을 두므로, 우리는 수고하며 애를 쓰고 있습니다"(딤전 4:10, 새번역). 성경 말씀을 따라 사도신경은 우리의 궁극적 희망이 하나님 자신이며, 하나님께서 직접 성취하실 미래는 '몸의 부활'과 '영생'이라고 표현한다.

예수 그리스도의 부활과 우리의 부활

사도신경은 앞부분에서 예수 그리스도의 부활이 실제로 일어난 일임을 고백한다. 그리고 마지막 부분에서는 모든 신자가 언젠가는 예수 그리스도의 영화로운 부활에 참여하게 될 것이라는 소망을 고백한다.

그러면 우리의 부활은 예수 그리스도의 부활과 어떤 연관성이 있는가? 그리스도의 부활은 죽음에 대한 승리를 보여 주는 동시에 죽을 수밖에 없는 인간이 누릴 영원한 생명을 위한 승리다. 그래서 바울 사도는 그리스도의 부활이 없었다면 우리의 부활도 없고, 우리의 선포도 믿음도 헛된 것이 된다고 했다. 1세기에 일어난 예수 그리스도의 부활은 미래에 일어날 우리의 부활을 미리 앞당겨 보여 준다. 주님의 부활은 우리의 종말론적 미래의 내용을 결정하는 역사적인 사건이다.

우리 몸의 부활은 어떤 방식으로 어떻게 이루어질까? 이 문제에 대해 바울은 상징과 비유를 통해서 부분적으로만 설명했다. 성경이 자세하게 가르치지 않으니 우리 몸의 부활 상태가 어떤 것인지에 대해서는 지나친 관심을 기울일 필요가 없을 것 같다.

그러면 하나님은 왜 우리 몸을 부활하게 하실까? 최후의 심판 이후에 천국에서 보상을 누리거나 지옥에서 벌을 받게 되는데 그러려면 몸이 있어야 하기 때문에 몸의 부활이 필요하다고 생각하는 이들이 있다. 그런데 결코 그렇지 않다. 우리의 부활이 중요한 이유는 죽음을 이기고 부활하신 성자 예수 그리스도의 생명과 영광에 참여하려면 몸이 있어야 하기 때문이다.

우리 몸의 부활

초대교회 당시에는 물질과 육체는 악하고 열등하다고 보는 세계관이 힘을 얻고 있었다. 인간은 육체와 영혼으로 구성되어 있는데, 육체는 죽어 썩어 없어지고 영혼은 불멸한다고 생각했다. 플라톤의 영향을 받은 사람들은, 육체는 영혼의 감옥이며 죽음은 영혼이 육체의 감옥에서 벗어나는 것이라고 믿었다. 그들에게 죽음은 영혼이 해방되는 순간이므로 죽음 자체가 구원이었다. 영혼 불멸론에서는 우리 몸의 부활이 필요 없다.

사도신경이 형성된 시기는 플라톤주의가 널리 수용되던 때였다. 플라톤 사상을 떠나서는 어떤 진리도 설명하기 힘들 뿐 아니라 이해되지도 않는 때였다. 그런 풍토에서 교회는 영혼 불멸이 아니라 몸의 부활, 육체의 부활을 믿는다고 고백하였다. 신약성경은 하나님의 아들이 육신을 입고 이 세상에서 살았다고 주장함으로써 육체가 악한 것이 아니라고 했으며, 예수님의 부활은 영혼의 부활이 아니라 몸의 부활이라고 선언하였다. 이러한 성경의 가르침을 따라 교회는 사도신경을 통해 우리는 몸의 부활을 믿는다고 고백하였다.

고린도전서 15장에서 바울은 우리의 부활을 설명할 때 '육체'(sarx)가 부활한다고 하지 않고 '몸'(soma)이 부활한다고 했다. 그런데 사도신경은 문자적으로 '육체'(carnis)의 부활을 믿는다고 고백한다. 그러면 사도신경은 우리의 살과 뼈만 부활한다고 믿는다고 고백한 것인가? 그렇지 않다. 다음 성경 구절에서 '모든 육체'가 어떤 의미로 사용되었는지 볼 수 있다. "내 입이 여호와의 영예를 말하며 **모든 육체**가 그의 거룩하신 이름을 영원히 송축할지로다"(시 145:21). "여호와의 영광이 나타나고 **모든 육체**가 그것을 함께 보리라. 이는 여호와의 입이 말씀하셨느니라"(사 40:5). 이 구절에서 모든 육체는 곧 '모든 사람'을 의미한다.

이처럼 히브리인의 사고와 언어는 육체의 한 부분을 통해서 전체를 나타내는 특징이 있다. 그러나 분석적으로 사고하는 현대인에게 육체의 부활이라고 하면, 살과 뼈가 다시 복원되는 것으로 오해할 수 있다. 그래서 대부분의 현대 사도신경은 원래 사도신경이 의도한 의미를 살려 '몸'(body)의 부활을 믿는다고 번역하고 있다. 사도신경은 육체를 포함하여 '전인'(全人)을 가리키는 몸의 부활을 믿는다고 고백한다.

'육체의 부활'을 믿는다고 한 것은 단지 살과 뼈 등 인간의 껍데기 부분이 부활한다는 뜻이 아니라 우리가 겪는 죽음의 위협, 부패할 운명, 죄의 유혹 등 그 모든 것을 포함하여 우리의 전 존재가 죽음으로부터 부활하는 것을 믿는다는 고백이다. 그런 점에서 육체의 부활을 믿는다는 고백 안에 포함된 뜻은 육체를 포함하여 전인을 가리키는 몸의 부활을 믿는다는 뜻이다. 우리말 사도신경이 '몸의 부활'을 믿는다고 표현한 것은 오해를 방지한다는 점에서 잘된 번역이다.

우리가 기다리고 또 언젠가 경험하게 될 몸의 부활은 우리의 시신이 다시 일어나는 것도 아니고, 우리 시신이 갑자기 변하는 것도 아니다. 부활은 지금 우리의 생명이 계속되는 것이 아니라 완성되는 것이다. 부활은 나의 삶이 하나님에 의해 완성된 모습으로 다시 새롭게 신령한 몸을 받게 되는 것이다. 하나님은 우리를 신령한 몸을 지닌 영원한 생명으로 다시 살리실 것이다.

그러면 지금 우리의 몸과 부활 이후 우리가 갖게 될 몸은 무엇이 다를까? 이 문제에 대해서 바울은 고린도전서 15장에서 유비적으로 설명했다. 우리는 부활의 첫 열매인 예수 그리스도의 부활에 대한 기록을 토대로 우리의 부활에 대해 미루어 짐작할 수 있다. 복음서를 보면, 예수님의 부활 이전의 몸과 부활 이후의 몸은 연속성과 함께 비연속성이 있다. 토마스 아퀴나스는 우리도 예수님처럼 부활 이전과 이후의 몸은 같으나 '몸의 속성'에는 변화가 있다고 했는데, 그의 말을 참고하면 좋을 것 같다. 토마스 아퀴나스를 따라 김진혁 교수가 정리한 글이 도움이 된다.

> 부활에서 몸에 새겨지고 몸을 통해 형성된 개개인의 고유한 정체성은 사라지지 않을 것이므로, 우리는 부활 이후에도 자기를 인식하고 어떻게든 서로를 알아볼 수 있을 것입니다. 하지만 몸의 속성이 변하였기에 부활한 몸은 부패하지 않을 것이며, 몸에 저장되고 각인된 폭력적 기억과 왜곡된 개성은 치유될 것이며, 심지어 '하나님의 천사들과 같이' 영광스럽게 변모할 것입니다(마 22:30).[36]

영생

'영생'을 믿는다고 했을 때 그리스도인은 궁금해한다. 우리가 궁극적으로 어떻게 된다고 믿는다는 것일까? 우리 인간의 판단력과 상상력은 죽음의 경계를 넘어서지 못한다. 아무리 머리를 짜내도 죽음 너머의 상태를 제대로 알 수 없다. 영원이라는 말은 어떤가? 영원이란 말을 쓰지만, 시간 속의 존재인 인간은 영원이란 말을 정확하게 인식하고 표현할 수 있는 언어와 논리를 갖고 있지 못하다. 성경 자체도 영생에 대해서 자세한 정보를 주지 않기 때문에 영생이 어떤 것인지, 어떤 상태인지 알기 어렵다.

우리는 보통 영생 하면 영원히 지속되는 생명을 생각한다. 우리의 생명이 끝없이 오래 이어진다는 뜻으로 받아들인다. 어떤 사람은 농담 비슷하게 우리가 끝없이 산다면 나중에는 죽고 싶을 만큼 지루할지 모르겠다고 한다. 또 어떤 사람은 영원을 무시간성으로 생각한다. 영원은 시간을 벗어난 상태를 가리킨다고 본다. 시간을 벗어나는 것은 또 어떤 것인가? 여전히 영생이 무엇인지 모호하기는 마찬가지다.

루터는 영원한 삶, 영생을 하나님과 함께하는 삶으로 이해했다. 우리 그리스도인이 믿고 바라는 '영원한 생명'을 단지 고립된 자아의 실존이 끝없이 연장되는 것으로 본다면 영생은 좋은 것이 아니라 공포다. 영생은 내가 무한정 끝없이 사는 것이 아니다. 영생, '영원한 생명'은 하나님의 생명에 잇대어 사는 삶이다. 하나님의 영원한 생명은 고갈될 수 없을 정도로 풍성하며 우리에게 결코 지루함을 느끼도록 하지 않을 것이다. 하나님은 우리를 계속해서 새로운 생명의 충만함 가운데로 인도할 것이다.

하나님의 생명은 어떻게 고갈될 수 없을 정도로 풍성할 수 있는가? 하나님의 생명, 삼위일체 하나님의 삶은 성부와 성자와 성령 사이에 이루어지는 사랑의 삶이기 때문이다. 그러므로 영생이란 우리가 하나님의 영원한 사랑의 공동체에 계속적으로 참여하는 것이다. 우리가 믿고 희망하는 영생은 삼위일체 하나님과 영원토록 교제를 누리는 것이다. 사랑의 사귐 가운데 계신 하나님의 사랑과 생명에 참여하는 것이다. 우리는 부활 후에 영원토록 그냥 떠돌며 사는 것이 아니라, 하나님의 사랑과 아름다움을 노래하고 하나님과 함께 사랑의 춤을 추게 될 것이다.

감사하게도 하나님은 우리가 장차 선물로 받게 될 '영원한 생명'을 누릴 수 있도록 우리를 성도의 교제인 교회로 불러 주셨다. 우리는 지금 여기, 이 세상에서 사랑의 교제 가운데 계신 하나님의 생명에 잇대어 사는 법을 익히며 살고 있다. 우리는 지금 이곳에서 영생의 실재를 희미하게 맛보고 있다. 영생은 우리 그리스도인의 삶 속에서 이미 시작되었지만, 아직 온전히 이루어진 것은 아니다. 그러나 장차 온전한 영생에 들어갈 때, 우리는 아주 낯설고 생소한 일들을 경험하게 되지는 않을 것이다.[37] 하나님의 부르심을 받게 될 때 우리는 놀라고 감사하게 될 것이다. 우리는 거기에서 하나님을 영화롭게 하고 영원토록 하나님을 즐거워하며 사랑의 기쁨을 노래하고 춤추며 살게 될 것이다.

생각 나눔

영생한다는 것

〈트리갭의 샘물〉이라는 소설에는 신기한 샘물을 마신 후 늙지도 죽지도 않는 터크 가족 이야기가 나온다. 터크 가족은 이 세상에서 영생을 누린다. 그들은 샘물을 마시던 때의 모습 그대로 수십 년이 지나도 변하지 않았다. 총을 맞아도 죽지 않았고 높은 나무에서 떨어져도 상하지 않았다. 아들 제시는 백네 살이지만 몸은 열일곱 살 때 소년으로 남아 있다. 그들 가족은 영생하는 사람이 된 것이다. 얼마나 좋을까? 과연 좋을까?

어느 날 터크 가족은 그 샘물이 있는 산을 소유한 집의 딸 위니라는 소녀를 만나 자신들의 경험을 들려준다. 그 샘물을 마신 후 터크 가족은 동네에서 사람들과 어울려 살 수 없었다. 한 곳에서 10년이 넘으면 다른 사람의 눈길을 피해 계속 다른 지역으로 이동해야 했다. 그들과 지속적인 사귐을 가질 수 없었기 때문이다. 제시는 여전히 10대 소년인데 친구는 할아버지가 되었다고 생각해 보라. 어떻게 다른 사람들과 정상적인 관계를 맺을 수 있겠는가? 터크 부인이 소녀 위니에게 말했다.

> 무슨 말인지 알겠니, 애야? 이 물은 너를, 지금 여기에 그대로 머물게 하는 거야. 네가 만일 그 물을 마신다면, 너는 영원히 어린애로 머무는 거야. 결코 자라지 않게 되는 거야. 결코.[38]

하루는 터크 씨가 위니를 배에 태우고 호수에서 노를 저으며 말했다.

> 우리를 둘러싼 이 모든 게 무엇인지 알겠니, 위니? … 생명이야. 움직이고 자라고 변화하고, 한순간도 똑같지 않은 것이지. 매일 아침 바라보는 이 호수의 물도 똑같아 보이지만 실은 같은 게 아니란다. 이 물은 밤새도록 움직이고 있어. 저 서쪽의 시내로부터 흘러들어 와서 여기 동쪽

의 개울로 흘러 나가는 거야. 언제나 고요하고, 언제나 새롭게 움직이며 가는 거야.[39]

터크는 자기 가족이 끝없이 살아가는 것은 힘든 일이라고 하면서 이 세상에서 영원히, 변함없이 사는 것은 돌멩이처럼 되는 것이라며 조용히 말을 이어 갔다.

우리 가족처럼 영원히 사는 것은 아무 쓸모가 없어. 도무지 말이 안 돼. 어떻게 하면 다시 생명의 수레바퀴에 올라탈 수 있는지 알 수만 있다면 나는 당장이라도 하겠어. 죽는 것 없이는 사는 것도 없어. 우리 가족에게 주어진 것, 이것은 그러니까 사는 것도 아닌 거야. 우리 가족은 그저 있는 거야. 길가에 놓인 돌멩이처럼 그저 존재할 뿐이야.[40]

터크는 사람들이 그 신비한 샘물이 어디 있는지 알면 돼지들처럼 달려들 것을 생각하면 두렵다고 한다.

그게 무얼 뜻하는지 짐작이나 할 수 있겠어? '영원히'라니, 생명의 수레바퀴는 계속 돌아가고 물은 흘러 바다로 들어가는데, 사람들은 그대로 선 채 길가의 돌이 되어 버

리는 거야. 사람들은 나중에야 그걸 깨닫게 되겠지. 그러
나 그땐 이미 너무 늦은 거야.[41]

터크 가족에게 신비한 샘물에 대해서 들은 소녀 위니는
그 샘이 어디에 있는지 알면서도 샘물을 마시지 않는다. 위
니는 자연스럽게 늙어 가다가 생을 마치는 것을 선택한다.
　사실 하나님의 생명에 참여함 없이 그냥 영원히 사는
것은 축복이 아니라 저주다. "영생을 믿습니다." 이 말은 단
순히 영원히 사는 것을 믿는다는 고백이 아니다. 영생을 믿
는다는 것은 하나님의 영원한 생명에 들어가는 것, 하나님
과 사랑의 사귐 가운데 살게 될 것을 믿는다는 고백이다. 그
렇게 될 때 하나님은 우리를 계속해서 새로운 생명의 충만
함 가운데로 인도하실 것이다.

　이정일 목사는 《문학은 어떻게 신앙을 더 깊게 만드는
가》라는 책에서 〈트리갭의 샘물〉에 담긴 뜻을 신앙과 연결
한다.

　많은 사람들은 천국에 가길 원하지만 자신의 삶에 천국을
　품지는 않는다. 이것이 보여 주는 모순을 문학은 위니의
　선택으로 일깨운다. 위니는 변화와 성장을 택했기에 샘물

을 마시지 않았다. 즉 죽음을 받아들인다는 뜻이다. 위니는 15세(소설에서는 열 살로 나온다) 소녀임에도 의미 있는 순간의 삶과 의미 없는 영원한 삶의 차이를 깨달았다.《터크 에버래스팅》(《트리갭의 샘물》 영어 제목)이란 소설이 없었다면 우리는 결코 두 삶이 주는 의미의 차이를 깨닫지 못했을 것이다.

인간의 위선과 삶의 모순은 천국에 가는 것만이 목표가 될 때 일어난다. 마태복음 7장과 25장이 보여 주듯 예수님도 이를 간파하셨다. 우리의 목표는 천국에 가는 것이 아니라 천국이 내 삶으로 들어오게 하는 것이다. 이것을 놓치면 자기기만에 빠지게 된다. 사람은 가도 사랑은 누군가의 가슴에 남아 뿌리를 내린다. 그렇게 살려면 어떻게 해야 할까?[42]

제임스 패커는 영생에 대한 기대를 다음과 같이 소박하게 표현하였다.

나는 위대한 음악, 위대한 시, 위대한 책, 위대한 삶, 위대한 자연 질서에서 과거 내가 생각했던 것보다 항상 더 많은 것들을 발견한다. 나는 나이를 먹을수록 하나님, 사람들, 선하고 사랑스럽고 고귀한 일들의 진가를 점점 더 강렬하게 인식해 간다. 이 즐거움이 영원히 지속되고 계속 커간다고 생각하면 기쁘기 그지없다. 물론 그 즐거움이 어떤 형태일지는 하나님만 아시고 나는 모른다. 다만 나는 그것을 보고 싶어 하며 기다리는 것에 만족할 뿐이다. 그리스도인이란 요정 이야기를 통해 상상해 본 운명(참 놀라운 환상의 삶)을 실제로 상속받는 사람들이다. 어리석은 죄인들이지만 구원받은 우리, 우리는 지금 행복하게 살고, 더 나아가 하나님의 영원한 자비 덕분에 앞으로도 영원히 행복하게 살 것이다.[43]

김기석 목사는 영생을, 사랑의 하나님 이야기를 담고 있는 복음에 비추어 읽어 내자고 한다. 그리고 영원의 빛 속에서 오늘 어떻게 살아야 하는지를 일깨우는 메시지로 읽자고 한다.

우리가 영원히 사는 것을 믿는다고 고백하는 것은 시간을 무한히 연장하여 산다는 말이 아니다. 우리가 살든 죽든 하나님의 품을 벗어날 수 없음을 고백하는 것이다. … 부조리하고 사소하고 헛되어 보이는 일조차도 하나님 사랑 안에서 불멸의 것으로 받아들여진다는 것이다. 뻘밭을 기어가는 지렁이의 흔적처럼 아련한 삶조차도 소중하게 받아들여 주는 분이 있다는 사실이 우리를 살게 한다.

그러나 모든 것이 망각의 심연으로 들어가는 것이 아니라는 것, 시간 안에서 벌어지는 어떤 일에도 영원의 빛이 드리워 있다는 것은 오늘을 살게 하는 힘이지만, 오늘을 의미 있게 살아야 한다는 재촉이기도 하다. 어떻게 사는 것이 영원의 전망 속에서 살아가는 것인가?[44]

"아멘"

사도신경은 '아멘'으로 맺는다. '아멘'은 '참으로 그러합니다', '진실로 그렇습니다', '그대로 될 것입니다'라는 뜻이다. '아멘'은 구약성경 여러 곳에서 확증, 동의, 갈망을 표현할 때 사용되었다. 이런 전통을 따라 우리도 기도를 마칠때 '아멘'이라고 한다. 아멘이라고 함으로써 우리의 기도를 하나님이 들어주시기를 바라고, 우리의 기도를 하나님이 들어주셨음을 믿고 감사한다. 사도신경이 기도는 아니지만 우리는 사도신경으로 우리의 믿음을 고백하고 난 후 아멘이라고 함으로써 하나님께서 우리의 고백을 들으시고 기뻐하신다는 확신을 표현한다.

우리 중에 누구도 사도신경에 담긴 뜻을 제대로 알고 이해한 후 세례를 받은 사람은 없다. 오랫동안 신앙생활을 해오고 있지만 지금도 우리는 사도신경에 담긴 뜻을 충분히 알지 못한다. 그래도 우리는 '나는 믿습니다'(credo)라는 말로 사도신경을 외우기 시작하고, 마지막을 '아멘'으로 맺는다. 여전히 복음의 진리를 제대로 모르지만, 그리고 여전히 죄에서 벗어나지 못했지만 우리는 하나님의 은혜로 하나님의 백성, 교회 안에서 하나님을 찾고 경배하는 사람이 되었음을 확인하고 감사한다. 아멘.

주

머리말

1. 후스토 곤잘레스, 오현미 옮김, 《초기 교회에서 배우는 주기도문》(이레서원, 2022), 27-28쪽.

1부 주기도문으로 배우는 기도

1. 스탠리 하우어워스·윌리엄 윌리몬, 이종태 옮김, 《주여, 기도를 가르쳐 주소서》(복있는사람, 2006), 27쪽.
2. 제프리 그린먼, 한문덕 옮김, 《주의 기도》(비아, 2018), 32-33쪽.
3. 김영봉, 《가장 위험한 기도, 주기도》(IVP, 2013), 28쪽.
4. 달라스 윌라드, 윤종석 옮김, 《하나님의 모략》(복있는사람, 2015), 413쪽.
5. 후스토 곤잘레스, 오현미 옮김, 《초기 교회에서 배우는 주기도문》(이레서원, 2022), 14쪽.
6. 안셀름 그륀, 이종한 옮김, 《주님의 기도》(분도출판사, 2015), 8쪽.
7. 후스토 곤잘레스, 《초기 교회에서 배우는 주기도문》, 29쪽.
8. 후스토 곤잘레스, 《초기 교회에서 배우는 주기도문》, 29쪽.

9. C. S. 루이스, 홍종락 옮김, 《세상의 마지막 밤》, 7-17쪽에서 요약함.

10. 로완 윌리엄스, 김기철 옮김, 《그리스도인이 된다는 것》(복있는사람, 2017), 101-102쪽.

11. 그리스어 성경이나 영어 성경에는 '우리 아버지'라는 말이 처음에 나온다.

12. 알렉산더 슈메만, 정다운 옮김, 《우리 아버지》(비아, 2020), 14-15쪽.

13. 안셀름 그륀, 《주님의 기도》, 34-35쪽.

14. J. M. 로호만, 정권모 옮김, 《기도와 정치》(대한기독교서회, 1995), 43쪽.

15. 후스토 곤잘레스, 《초기 교회에서 배우는 주기도문》, 59쪽.

16. 후스토 곤잘레스, 《초기 교회에서 배우는 주기도문》, 74쪽.

17. 존 칼빈, 원광연 옮김, 《칼빈의 기도론》(크리스천다이제스트, 2001), 85쪽.

18. 제프리 그린먼, 《주의 기도》, 48쪽.

19. 안셀름 그륀, 《주님의 기도》, 39-40쪽.

20. 헬무트 틸리케, 박규태 옮김, 《세계를 부둥켜안은 기도》(홍성사, 2008), 65쪽.

21. 헬무트 틸리케, 《세계를 부둥켜안은 기도》, 68쪽.

22. 후스토 곤잘레스, 《초기 교회에서 배우는 주기도문》, 93-94쪽.

23. 안셀름 그륀, 《주님의 기도》, 45-46쪽.

24. 헬무트 틸리케, 《세계를 부둥켜안은 기도》, 77쪽.

25. 스탠리 하우어워스, 《주여, 기도를 가르쳐 주소서》, 78-79쪽.

26. 안셀름 그륀, 《주님의 기도》, 47쪽.

27. 알렉산더 슈메만, 《우리 아버지》, 28쪽.

28. 스탠리 하우어워스, 《주여, 기도를 가르쳐 주소서》, 88쪽.

29. 스탠리 하우어워스, 《주여, 기도를 가르쳐 주소서》, 113쪽.

30. 스탠리 하우어워스, 《주여, 기도를 가르쳐 주소서》, 106쪽.

31. 후스토 곤잘레스, 《초기 교회에서 배우는 주기도문》, 130쪽.

32. 김기석, 《오래된 새 길》(포이에마, 2012), 110쪽.

33. 스탠리 하우어워스, 《주여, 기도를 가르쳐 주소서》, 107쪽.

34. 김영봉, 《가장 위험한 기도, 주기도》, 133쪽.

35. 후스토 곤잘레스, 《초기 교회에서 배우는 주기도문》, 147쪽.

36. 홍종락, 《오리지널 에필로그》(홍성사, 2019), 73-74쪽.

37. C. S. 루이스가 쓴 1953년 7월 17일 편지. C. S. 루이스, 홍종락 옮김, 《당신의 벗, 루이스》(홍성사, 2013), 328쪽.

38. 후스토 곤잘레스, 《초기 교회에서 배우는 주기도문》, 155쪽.

39. 후스토 곤잘레스, 《초기 교회에서 배우는 주기도문》, 156쪽.

40. 레오나르도 보프, 이정희 옮김, 《주의 기도》(다산글방, 2000), 160쪽.

41. 스탠리 하우어워스, 《주여, 기도를 가르쳐 주소서》, 126쪽.

42. J. M. 로호만, 《기도와 정치》, 174쪽.

43. J. M. 로호만, 《기도와 정치》, 183쪽.

44. 헨리 나우웬, 박동순 옮김, 《영혼의 양식》(두란노, 1999), 1월 26일.

45. 김기석, 《오래된 새 길》, 124-125쪽.

46. J. M. 로호만, 《기도와 정치》, 189쪽.

47. J. M. 로호만, 《기도와 정치》, 190-191쪽.

48. 알렉산더 슈메만, 《우리 아버지》, 80쪽.

49. 알렉산더 슈메만, 《우리 아버지》, 70-71쪽.

50. J. M. 로호만, 《기도와 정치》, 221쪽.

51. 존 칼빈, 원광연 옮김, 《기독교강요 중》(크리스천다이제스트, 2003), 502-503
쪽.

52. 캐서린 모리 라쿠나, 이세형 옮김, 《우리를 위한 하나님》(대한기독교서회,
2008), 467쪽.

53. 헬무트 틸리케, 《세계를 부둥켜안은 기도》, 285-286쪽.

54. 후스토 곤잘레스, 《초기 교회에서 배우는 주기도문》, 221-222쪽.

2부 사도신경으로 배우는 신학

1. 칼 바르트, 이형기 옮김, 《복음주의 입문》(크리스천다이제스트, 1998), 25쪽.

2. 김진혁, 《우리가 믿는 것들에 대하여》(복있는사람, 2022), 13쪽.

3. 볼프하르트 판넨베르크, 정용섭 옮김, 《사도신경 해설》(한들출판사, 2000),
11-12쪽.

4. 알리스터 맥그래스, 송동민 옮김, 《알리스터 맥그래스의 사도신경》(죠이선
교회, 2020), 17-20쪽.

5. 다니엘 밀리오리, 징경철 옮김, 《기독교 조직신학 개론》(한국장로교출판사,
2002), 105쪽.

6. Karl Barth, *Evangelical Theology: An Introduction*(Wm. B. Eerdmans, 1973), 12쪽.

7. 칼 바르트, 신경수 옮김,《교의학 개요, 사도신경 해설》(크리스천다이제스트, 1997), 21쪽.

8. 제임스 패커, 김진웅 옮김,《사도신경》(아바서원, 2013), 18쪽.

9. 칼 바르트,《교의학 개요, 사도신경 해설》, 56쪽.

10. 정홍열,《사도신경 연구》(대한기독교서회, 2005), 71쪽.

11. 다니엘 밀리오리,《기독교 조직신학 개론》, 158쪽.

12. 김진혁,《우리가 믿는 것들에 대하여》, 68쪽.

13. 이하는 이문균,《레미제라블, 신학의 눈으로 읽다》(가이드포스트, 2014), 167-170쪽을 요약했다.

14. Patrick Sherry, *Spirit and Beauty*(SCM Press, 2002), 53쪽. (이 책은《성령과 아름다움》이라는 제목으로 부흥과개혁사에서 번역 출간되었다.)

15. 아우구스티누스, 김기찬 옮김,《고백록》(크리스천다이제스트, 2000), 275쪽.

16. 아우구스티누스, *Sermones*, 27, 6.

17. 리차드 해리스, 김혜련 옮김,《현대인을 위한 신학적 미학》(살림, 2009), 84쪽.

18. 제임스 패커,《사도신경》, 55-56쪽.

19. 칼 바르트,《교의학 개요, 사도신경 해설》, 133쪽.

20. Irenaeus, *Adversus Haereses*, III. 22. 4. 김진혁,《우리가 믿는 것들에 대하여》, 90-91쪽에서 재인용.

21. 김진혁,《우리가 믿는 것들에 대하여》, 92쪽.

22. 김기석,《오래된 새 길》(포이에마, 2012), 173쪽.

23. 김진혁,《우리가 믿는 것들에 대하여》, 99쪽.

24. 칼 바르트,《교의학 개요, 사도신경 해설》, 139쪽.

25. 칼 바르트,《교의학 개요, 사도신경 해설》, 169쪽.

26. 칼 바르트,《교의학 개요, 사도신경 해설》, 173쪽.

27. 다니엘 밀리오리,《기독교 조직신학 개론》, 345쪽.

28. 김진혁,《우리가 믿는 것들에 대하여》, 164쪽.

29. 캐서린 모리 라쿠나, 이세형 옮김,《우리를 위한 하나님》(대한기독교서회, 2008), 505쪽.

30. 다니엘 밀리오리,《기독교 조직신학 개론》, 248-251쪽.

31. 대니얼 B. 클린데닌, 주승민 옮김,《동방 정교회 신학》(은성출판사, 1997), 292쪽.

32. 칼 바르트, 《교의학 개요, 사도신경 해설》, 194쪽.

33. 정홍열, 《사도신경 연구》, 225-226쪽.

34. 다니엘 밀리오리, 《기독교 조직신학 개론》, 285쪽.

35. 김진혁, 《우리가 믿는 것들에 대하여》, 249쪽.

36. 김진혁, 《우리가 믿는 것들에 대하여》, 258쪽.

37. 알리스터 맥그래스, 《알리스터 맥그래스의 사도신경》, 185쪽.

38. 나탈리 배비트, 최순희 옮김, 《트리갭의 샘물》(대교북스, 2018), 60쪽.

39. 나탈리 배비트, 《트리갭의 샘물》, 89쪽.

40. 나탈리 배비트, 《트리갭의 샘물》, 93-94쪽.

41. 나탈리 배비트, 《트리갭의 샘물》, 94쪽.

42. 이정일, 《문학은 어떻게 신앙을 더 깊게 만드는가》(예책, 2021), 26-27쪽.

43. 제임스 패커, 《사도신경》, 136-137쪽.

44. 김기석, 《오래된 새 길》, 243-244쪽.

1부 주기도문으로 배우는 기도

C. S. 루이스. 홍종락 옮김. 《당신의 벗, 루이스》(홍성사, 2013).

C. S. 루이스. 홍종락 옮김. 《세상의 마지막 밤》(홍성사, 2014).

J. M. 로호만. 정권모 옮김. 《기도와 정치》(대한기독교서회, 1995).

김기석. 《오래된 새 길》(포이에마, 2012).

김영봉. 《가장 위험한 기도, 주기도》(IVP, 2013).

달라스 윌라드. 윤종석 옮김. 《하나님의 모략》(복있는사람, 2015).

도날드 W. 맥컬로우. 박소영 옮김. 《하찮아진 하나님?》(대한기독교서회, 1998).

레오나르도 보프. 이정희 옮김. 《주의 기도》(다산글방, 2000).

로완 윌리엄스. 김기철 옮김. 《그리스도인이 된다는 것》(복있는사람, 2017).

스탠리 하우어워스·윌리엄 윌리몬. 이종태 옮김. 《주여, 기도를 가르쳐 주소서》(복있는사람, 2006).

안셀름 그륀. 이종한 옮김.《주님의 기도》(분도출판사, 2015).

알렉산더 슈메만. 정다운 옮김.《우리 아버지》(비아, 2020).

얀 밀리치 로흐만. 정권모 옮김.《기도와 정치: 주기도문 강해》(대한
　　　기독교서회, 1995).

제프리 그린먼. 한문덕 옮김.《주의 기도》(비아, 2018).

존 칼빈. 원광연 옮김.《기독교강요 중》(크리스천다이제스트, 2003).

존 칼빈. 원광연 옮김.《칼빈의 기도론》(크리스천다이제스트, 2001).

캐서린 모리 라쿠나. 이세형 옮김.《우리를 위한 하나님》(대한기독교
　　　서회, 2008).

톰 라이트. 양혜원 옮김.《마침내 드러난 하나님 나라》(IVP, 2009).

헨리 나우웬. 박동순 옮김.《영혼의 양식》(두란노, 1999).

헬무트 틸리케. 박규태 옮김.《세계를 부둥켜안은 기도》(홍성사,
　　　2008).

홍종락.《오리지널 에필로그》(홍성사, 2019).

후스토 곤잘레스. 오현미 옮김.《초기 교회에서 배우는 주기도문》(이
　　　레서원, 2022).

2부 사도신경으로 배우는 신학

Patrick Sherry. *Spirit and Beauty*(SCM Press, 2002).

김기석.《오래된 새 길》(포이에마, 2012).

김진혁.《우리가 믿는 것들에 대하여》(복있는사람, 2022).

나탈리 배비트. 최순희 옮김.《트리갭의 샘물》(대교북스, 2018).

다니엘 밀리오리. 장경철 옮김.《기독교 조직신학 개론》(한국장로교출

판사, 2002).

대니얼 B. 클린데닌. 주승민 옮김. 《동방 정교회 신학》(은성출판사, 1997).

리차드 해리스. 김혜련 옮김. 《현대인을 위한 신학적 미학》(살림, 2009).

볼프하르트 판넨베르크. 정용섭 옮김. 《사도신경 해설》(한들출판사, 2000).

아우구스티누스. 김기찬 옮김. 《고백록》(크리스천다이제스트, 2000).

알리스터 맥그래스. 송동민 옮김. 《알리스터 맥그래스의 사도신경》(죠이선교회, 2020).

요제프 라칭거. 장익 옮김. 《그리스도 신앙 어제와 오늘》(분도출판사, 1983).

이문균. 《레미제라블, 신학의 눈으로 읽다》(가이드포스트, 2014).

이정일. 《문학은 어떻게 신앙을 더 깊게 만드는가》(예책, 2021).

정홍열. 《사도신경 연구》(대한기독교서회, 2005).

제임스 패커. 김진웅 옮김. 《사도신경》(아바서원, 2013).

칼 바르트. 신경수 옮김. 《교의학 개요, 사도신경 해설》(크리스천다이제스트, 1997).

칼 바르트. 이형기 옮김, 《복음주의 입문》(크리스천다이제스트, 1998).

캐서린 모리 라쿠나. 이세형 옮김. 《우리를 위한 하나님》(대한기독교서회, 2008).

교회에서 처음 배우는 주기도문 사도신경

주기도문으로 배우는 기도, 사도신경으로 배우는 신학

초판 1쇄 발행 2023년 4월 28일

지은이 이문균
펴낸이 이현주
책임편집 이지든 이현주
디자인 김진성
펴낸곳 사자와어린양
출판등록 2021년 5월 6일 제2021-000059호
주소 (03140) 서울시 종로구 삼일대로 428, 5층 500-28호(낙원동, 낙원상가)
전화 010-2313-9270 팩스 02)747-9847
이메일 sajayang2021@gmail.com 홈페이지 https://sajayang.modoo.at

ⓒ이문균, 2023

ISBN 979-11-976063-8-0 03230

✢ 사자와 어린 양이 뛰놀고 어린이가 함께 뒹구는 그 나라의 책들 ✢